신약시대로 가는 시간여행

신약시대로 가는 시간여행

Windows on the world of Jesus

초판 발행 2001년 2월 16일
제5쇄 2010년 3월 15일
지은이 부르스 J. 맬리나(Bruce J. Malina)
옮긴이 최대형
발행처 은성출판사
등록 1974년 12월 9일 제9-66호

주소 서울시 강동구 성내동 538-9
전화 070) 8274-4404
팩스 02) 477-4405
홈페이지 http://www.eunsungpub.co.kr
전자우편 esp4404@hotmail.com

Printed in Korea
ISBN: 89-7236-262-x 33230

Originally published in English under the title of Window on the World of Jesus by Bruce J. Malina, published by Westminster/John Knox Press in U.S.A.

Windows on the World of Jesus

Time Travel to Ancient Judea

Time Travel to Ancient Judea

by

Bruce J. Malina

translated by

Daehyung Choi

신약시대로 가는 시간여행

브루스 J. 맬리나 지음
최대형 옮김

목차

머리말

이 책은 성경의 세계에 대해 대략 기초적인 소개를 하며, 특히 신약 성경을 쉽게 이해하게 하는 데에 그 목적을 두었다. 이 책을 집필하는 데 있어서 성경적인 언어를 포함해서 말이든 글이든 모든 언어가 의미하는 바가 그 언어 소통이 원래 이루어진 사회의 제도와 문화적 상황에서부터 나온 것[1)]이라는 전제로 집필하였다. 말하자면 이 말은, 신약 성경에 있어서 원저자와 청중들이 의도했던 다양한 책을 읽기 위해서는 신중한 독자들은 저자가 복음을 전달하고자 시도했던 당시의 시공간의 문화적인 상황으로 돌아가지 않으면 안된다는 뜻이다. 신학적으로는 이런 시도를 신약 성경에 대한 '성육신적' 접근이라고 한다. 1세기 동부 지중해 연안에서는, 하나님의 말씀이란 살과 피라는 상징의 세계와 단단히 묶여져 있는 것으로 이해되어 진다.

이제 개진하고자 하는 것은 예수님과 그 당대 사람들의 세계를 들여다 볼 수 있는 시간 여행이다. 이 시간 여행을 통해서 나타나는 풍부한 볼거리들은 특별히 신약 성경의 배경이었던 1세기 지중해 연안의 세계에 보다 빠르고 쉽게 들어가기 위한 목적을 갖고 있다. 이 시간 여행은 신약성경 시대의 실제 단편과 연관되어 있는데, 때때로 신약성경 시대와 문화적으로 동일한 장소에서 나온

작품들은 그 시대와 가까운 관계가 있는 것들이다. 낯선 세상 속에서 벌어진 사건의 의미를 쉽게 알도록, 독자들이 이들 시간 여행을 통해 관찰된 시나리오를 사용해서 고대 지중해 지역 문화의 몇 가지 기본적인 시각에 동화되기 바란다. 그런 시각은 신약성경의 등장 인물과 같은 근본적인 관점이다.

이 책의 등장하는 접근법은 이미 거의 한 세대 전에 사람들이 낯선 문화에 동화되는 데 필요한 이론적이며 실제적인 도움을 주었던 연구팀의 수고에 힘입은 것이다. 그리고 신약 성경의 배경이 되는 세계가 현대인들에게는 낯선 세계라는 것은 말할 필요도 없을 것이다. 저자는 이같은 1세기 지중해 세계에 대한 이런 종류의 소개가 신약 개론서 등과 같이, 신약 성경을 읽는 오늘날의 독자들이 전문가이건 비전문가이건 누구에게나 큰 가치가 있기를 바란다.

시간 여행 안내

이 책은 신약개론으로 꾸며진 것이다. 이 책은 지중해 연안의 문화 인류학에 대한 치밀한 독학 코스로서 독자들이 신약 성경에 입문하게 한다. 대부분 독자들은 초반부터 이같은 시도가 이상하다고 느낄 것이다. 어쨌든 이 책을 읽은 후에 신약 성서를 읽게 되면 더욱 많은 부분을 이해할 수 있을 것이다. 왜냐하면 이같은 접근 방법은 독자로 하여금 신약 성경의 예수님, 바울, 그리고 다른 사람들이 살았던 1세기의 사회적인 상황에 있었던 사회와 조직에 대한 이해에 목적이 있기 때문이다. 만약 사람들이 자신들의 사회에서만 뜻이 통하는 의미를 서로 나눈다면, 그리고 누구든지 세상이 어떻게 돌아가는지 서구식으로 알고 있기만 하면, 신약의 언어인 헬라어나 구약의 언어였던 히브리어를 공부할 필요가 없다. 사실 유학생들은 외국어를 모국어로 쓰는 사람들을 피하면서까지 다수의 외국어 가운데서 영어를 배운다. 이것은 특별히 독학을 하는 학생들을 위한 경우이다.

이 책은, 사람들 사이에 발생하는 상황이 제시되면서 진행될 것이다. 이 방법은 후기 이스라엘 역사에 관한 책이나 수필집을 읽으며, 그리고 1세기 유대와 갈릴리에 관한 필름과 슬라이드를 보는 전통적인 연구 방법과는 다른 것이다. 그러한 전통적인 연구 방법은 정말 가치가 있을 수 있으나, 그 당시 사람들이 갖고 있었던 의미와 가치관을 이해하지 못하면 쓸모없는 방법이 되고 만다.

여기에서 제시된 일련의 시나리오들은 타 문화권의 사람들과 만날 때 필요한 기술을 향상시키기 위해 일반적인 기초 위에서, 잘 알려진 방법으로 선택되었다. 어쨌든 성경을 읽는 사람은 모두 예수님과 바울의 사회적 배경은 시공간적으로 사회 구조와 문화에 있어서 우리와는 너무나 동떨어진 다른 문화권에 속한 이방인임에 틀림없다. 시간에 있어서도 산업혁명, 계몽운동, 르네상스 등과 같이, 1세기 지중해 지역의 문화를 알아볼 우리의 시야를 어둡게 만들어 버리는 기막힌 사건들이 일어났음을 기억하자.

우리 현대인들이 경험한 가장 중요한 사건들이 현대인 성경 독자와 성경 저자들의 시대 사이에 끼어 있어서, 그것은 마치 2천년 묵은 렌즈와 같은 것이 되었다. 그런 렌즈를 우리 눈 앞에 걸치고서는, 과거를 제대로 이해하기가 대단히 힘들다. 게다가 우리의 축적된 역사는 항상 진행되고 있는 과정에 있다. 더욱이 사회 체제에 있어서는 현대인들과 오늘날의 지중해 지역 세계의 가치관, 제도, 관심 거리들은 서로 관계가 거의 없을 것이다. 그렇다면 고대 지중해 연안의 가치관과 사상과 관심은 어떤 것인가?

그러므로 이같은 종류의 개론서는 성경을 읽는 현대인으로 하여금 더 신중하도록 도와줄 것이다. 이 책은 시간과 문화의 간격 메우기를 위해서, 1세기 이스라엘과 지중해 연안 지역의 정보를 통해 꾸민 일련의 에피소드를 만들어 보았다. 이들 에피소드는 이 책의 대상으로 다루는 신약시대 문화의 중요한 일면을 부각시키기 위해 의도되었다. 그런 측면은 1세기 지중해 연안 지역에 실제로 있었던 것이며, 신약 성경에서도 흔히 찾아 볼 수 있다. 그리고 그 측면에는 가족 구성원들이나 집단에서 얻을 수 있는 "명예"와 "수치"라는 가치관과, 시간의 개념 등을 다루었다.

이제 이 책의 구성을 알아보자. 독자들은 목차로 부터 시작해서 다양한 제목 하에, 일련의 '시간 여행'을 하게 될 것이다. 각 시간 여행 은 사람들 사이에 벌어지는 에피소드가 제시된다. 여기에 나오는 에피소드들은 의도적으로 시대착오적으로 구성되어 있는데, 때로는 고대의 상황에서, 때로는 현대 상황에서 20세기 현대인이 1세기 지중해 연안의 사람과 만나서 벌어지는 일을 가정하기 때문이다. 이 사건들의 상황이 현대의 독자가 1세기 신약 성경 시대로 가지고 간 시나리오에 반영된 상황과 다른 것은 아니다.

시간 여행의 각 시리즈 처음에는 해당 사항에 대한 가치 혹은 전망을 간단히 설명하는 글이 있다. 그러나 각 장면이나 시간 여행의 말미에는 질문이 하나씩 있는데, 이는 시간 여행에서 느끼는 차이에 대한 설명을 요청하는 것이다.

각 질문에 대한 저자의 답변은 시간 여행에 이어진다. 이 답변은 시간 여행에서 설명된 상호 작용에 의해 전달되는 의미의 범위를 구성한다. 그리고 해당 사건에 대한 가치나 전망을 증명할 수 있는 성구들이 이어진다. 이 책을 효과적으로 사용하려면 제안된 답과 성구를 읽기 전에 먼저 첫번째 질문에 대한 답변, 혹은 답변의 범위를 심사숙고하고 답하는 데 달려있다. 현대인들의 생활과 사고 방식과 당시 1세기 지중해 연안 사람들의 방식에 있어서의 문화적인 차이가 있다는 것이 점점 확실해질 것이다. 현대인의 생활 및 사고방식과 1세기 지중해 연안의 사람들의 방식의 문화적인 차이는 점차 커져갈 것이다. 이런 질문에 답해 보면서 성경 독자는 고대 지중해 연안 지역의 기본적인 문화적 분위기와 친숙하게 될 것이다.

이 책은 인류학적인 연구 방법을 신약 성경을 읽는데 응용한 것이므로, "유대교인"(Jew) 혹은 형용사 "유대교인의"(Jewish)이라는 단어가 사용되지 않는 것 때문에 어떤 독자들께서는 놀랄지도 모르겠다. 신약 헬라어 단어 "*Ioudaios*"(이우다이오스)는 항상 "옛 유대인"(Judean)으로 번역된다. 거기에는 두 가지 이유가 있다. 첫째 이유는, 고대 지중해 연안에 살았던 사람들과 생물은 그들이 기원한 지정학정 장소에 의해 구별되기 때문이다. 그리고 헬라어 "이우다이오스"라는 단어로 분류되는 기원의 장소는 옛 유대(Judea)였다. 이와 같이 로마인들은 로마 출신이기 때문에 로마인들이었다. 옛 유대인들은 옛 유대 출신이었기 때문에 옛 유대인들이었다.

그러나 내집단(in-group, 내부 지향적 집단: 역자주)의 상황에서, 옛 유대인들은 자신들을 이스라엘 족속(house of Israel)으로 분류하였다. 이 이스라엘 족속은 옛 유대인들, 갈릴리인들, 베뢰아인들, 그리고 이스라엘 땅에 자신의 기원을 두었던 사람들을 포함하였으나 그들은 이민을 갔던 사람들이다. 이스라엘 족속의 지정학적 위치에 따라 더 작은 단위로 나뉘어졌으나, 이스라엘 족속에 속했던 각 사람들은 그래도 한 유대인으로 불리워졌던 것이다. 옛 유대인들의 이러한 전형적인 습성은 유다이즘(Judaism)이라고 불리워졌다. 이것은 여러 헬라 민족들의 상황과 똑같은데, 그들의 헬레니즘이라고 불리는 전형적인 행동 때문에 그들은 옛 헬라인(Hellenes/ Greeks)이라고 합쳐서 분류된다.

"이우다이오스"를 "유대인"(Jew)이 아닌 "옛 유대인"(Judean)으로 번역하는 두번째 이유는, 그 단어들이 속한 사회 체제로부터 그 의미를 취하기 때문이다. 오늘날 서구에서는 많은 사람들이 유대교인들과 사귀며 그들에 대해서 잘 알고 있다. 예를 들면 야콥 누스너(Jacob Neusner), 쉐이 코헨(Shaye Cohen)과 같이 많은 현대 서구인 학자들은 현대 유대교가 주후 6세기에 일어난 바벨론 탈무드(Babylonian Talmud)에 뿌리를 두고 있는 것이라고 지적했다. "정통 유대교"로 나타난 바리새파적인 서기관주의는 오늘날 유대교의 종교적인 신념과 실천의 모체가 되었다.

다른 말로, 오늘날에는 그리스도인들과 유대교인들로 나뉘어진다. 그러나 1세기에는 그런 구별이 없었다. 팔레스타인 이스라엘 민족의 야웨 신앙(Yahwism)은 여러 가지 흐름—바리새파, 기독교, 헤롯당, 사두개파, 엣센파 등—과 함께 섞여서 이루어진 것이었다. 갈릴리 사람 나사렛 예수님의 주요 반대파들은 유대인들이었다. 즉, 유대출신이었던 동료 이스라엘 사람들이었다. 그래서 로마 출신의 외국인이었던 빌라도는 빈정대면서 예수님을 "유대인의 왕"이라고 불렀다.

만약 이런 것이 우리가 혼란스러워 하는 모든 것이라면, 성경 번역자들이 단어의 원래의 의미에 대해 의문을 갖지 않았거나 전통적인 어휘를 버리지 않고 그대로 취했기 때문일 것이다. 그렇기 때문에, 본서에서는 고대에 대한 문화적인 이해를 가지고 "유대교인"(Jew) 혹은 "유대교(인)의"(Jewish)라는 단어를 사용하지 않겠다.

제1장 명예와 수치

지중해 연안 지역의 사회를 조직하는 원리는 과거에도 있었으며 계속해서 이루어지고 있는데, 그 사회는 주로 가족으로 구성되어 있다. 즉, 지중해 연안 사람들에게 있어서 인생의 성공이란 중요한 집단에 있는 사람들과 유대 관계를 유지하는 것을 말한다. 그 핵심 집단이란 친족 집단이다. 사람의 신분은 어디에 소속하느냐, 그리고 그 집단에 의해 받아들여지는가에 달렸다. 어쨌든 그같은 소속과 수용은 지중해 연안에 사는 유대인 가족이 조직되고, 유지되는 전통적인 규율을 준수하느냐에 달렸다. 그리고 그런 전통 규율은 명예와 수치에 대한 보완적인 법전에 뿌리를 둔 것들이다.

명예는 공동체 안에 소속된 사람들이 인정해 주는 가치와 마찬가지로, 어떤 한 사람(혹은 집단)이 주장하는 가치에 연관된 것이다. 명예는 사회적으로 인정받는 가치이다. 과거와 현재의 지중해 세계에 있어서 명예는 핵심적인 가치다. 어디까지나 가치이므로 명예는 한 사람의 행실 안에 있는 자질의 좋고 나쁨을 말한다.

명예로운 사람은 자신의 언행 속에 명예로운 자질을 담고 있다. 자신의 명예를 위한 관심을 나타내는 사람들은 (긍정적인) 수치를 당한다는 말을 듣게 된다. 다른 한편으로는, 사람들이 다른 사람들과 상호 교류함으로써 자신의 명예가 손상될 수도 있다. 어떤 사람이 속해 있는 공동체가 그 사람을 평가하기를, 그가 다른 사람을 능가하지 못했다고 한다면 그 사람은 수치를 당한다. 훌륭한 명예에 대한 평가는 우리 사회의 신용도와 마찬가지로 당시 인간의 의미있는 사회적 실존에 있어서 필요불가결한 것이다. 다음 시간 여행에서 여러 종류의 현대인들이 증인으로서, 혹은 아니면 동참자로서 지중해 지역의 유대인들과 만나고 있는 것을 목격할 수 있으며, 그것들을 잘 살펴봄으로써 명예와 수치의 가치를 알게 될 것이다.

1

아버지와 아들

어느날 아침 호에 디더가 화가 나있는 것을 보고 이웃에 사는 헹크가 그 이유를 물어 보았더니, 호에는 "어제, 제가 제 아들에게 밭일을 마무리해 달라고 부탁하려고 마을로 나갔어요. 분주한 동네 마당에 있는 아이들을 보고 밭일을 도울 것을 부탁했더니, 글쎄 그 애들은 '지금 당장은 이웃집 지붕을 올리고 있어서 바쁘니 내일이나 모레에 도와드리겠어요' 라는 거예요" 라는 것이었다. 헹크의 입장으로는 아이들의 대답은 매우 당연한 것이었고, 오히려 호에가 그렇게 화를 내는 이유를 이해할 수 없었다. 호에는 왜 그렇게 화가 났을까?

예수님은 반항적인 아들이었는가?

호에 디도는 자기 아들들이 사람들이 많은 곳에서 아버지를 수치스럽게 했기 때문에 화가 났다. 지중해 연안 지역에 있는 중심적인 사회 단위는 혈족 사회이므로 아버지의 역할은 사회적인 계급 위에 있는 신분을 의미한다. 어느 아버지가 자기 자녀들에게 무엇을 하라고 했을 때, 그 자녀들이 복종하면 아버지를 명예롭게 대우하는 것이 되지만, 아버지의 말에 자녀들이 꾸물거리거나 불복종하면 그 자녀들이 그 아버지를 불명예스럽게 만드는 것이 된다. 그 아버지의 친구들은 아버지로서의 명예가 상실한 것으로 보고, 그 아버지에게 조소를 보낼 것이다.

공동체마다 명예에 대한 이해가 모두 다르므로 비(非) 지중해 출신들은 중심 가치가 아니라고 주장한다. 그럼에도 불구하고, 명예란 행동의 양식도, 사회적 역할의 양식도 아니라는 사실을 처음부터 주목할 필요가 있다. 명예가 바로 가치라고 말하면 잔소리이다. 다른 것이 있다면 다양한 공동체들이 행동과 역할을 평가하는 방식이다. 다른 말로 하자면, 다양한 사람들의 집단들이 전혀 다른 행동에 대해서도 명예스러운 것이라고 할 수 있다는 것이다. 도둑이 가치있는 것으로 여기는 것과, 상인들이 명예스러운 것으로 여기는 것과의 차이를 생각해 보라. 그럼에도 불구하고 모든 지중해 연안의 사람들은 명예를 얻을 권리를 주장한다.

더욱이 현대인들은, 지중해 연안의 사람들이 예상치 못했던 지출에 화를 낸다는 사실을 알아야 할 것이다. 여기서 디도가 화난 것은 농사 일이란 비가 오지 않는 날씨여야 하는데, 비가 오려 했기 때문이었다고 할 수 있다. 그래서 그 아들들이 즉각 와야 한다고 했던 것이다. 사실상, 농사일을 게을리하면 경제적 손실이 생기지만, 그렇다고 그 일로만 화가 난 것은 아니다. 돈은 명예를 가져다 주기 때문에 가치있는 것이며, 명예를 가져다 주지 못하는 돈이라면 사회적으로 소용이 없는 것으로 간주된다.

이스라엘에는 부모를 수치스럽게 한 아들에게는 따끔한 교훈을 주는 전통이 있었다. 신명기의 율법은 다음과 같이 말한다.

> "사람에게 완악하고 패역한 아들이 있어 그 아비의 말이나 그 어미의 말을 순종치 아니하고 부모가 질책하여도 듣지 아니하거든 그 부모가 그를 잡아가지고 성문에 이르러 그 성읍 장로들에게 나아가서 그 성읍 장로들에게 말하기를 우리의 이 자식은 완악하고 패역하여 우리 말을 순종치 아니하고 방탕하며 술에 잠긴 자라 하거든 그 성읍의 모든 사람들이 그를 돌로 쳐 죽일지니 이같이 네가 너의 중에 악을 제하라 그리하면 온 이스라엘이 듣고 두려워하리라."(신 21:18-21)

이 말씀의 요점은 계속 불순종하는 아들은 "방탕하고 술에 잠긴 자"와 같다는 것이다. 이같이 불리우는 것은 사회적으로 불쾌한 일이다. 그런 부정적인 자질에 대한 말을 듣게 된 사람들은 가문의 이름을 욕되게 하는 것이다. 자녀들에게 나타나는 모든 자질은 긍정적이든 부정적이든 그들의 부모를 풍자적으로 말하는 것이다. 왜냐하면 명예는 출생으로부터 나오기 때문이다("어미가 어떠하면 딸도 그러하다." 겔 16:44; 부전자전("내 아버지께서 내게 모든 것을 주셨으니") 마 11:27; 신 23:2; 참고, 왕하 9:22; 사 57:3; 호 1:2; 집회서 23:25-26; 30:7).

명예로운 가정에서 태어나면 그 아이도 명예롭게 된다. 이는 그 가족이 영광스러운 조상들의 명예와 조상들이 후천적으로 축적한 명예의 저수지 역할을 해주기 때문이다. 성경에 족보가 기록된 이유는 사람의 명예의 기준을 세워주는 데 있다. 족보는 한 사람을 전통적인 신분의 단계 위로 올려 놓는다. 족보는 한 사람의 명예를 강조하는 것이다(예, 마 1:2-16; 눅 3:23-38; 예수님의 가족과 출생에 대한 질문은 막 6:3; 마 13:54-57; 눅 4:22; 요 7:40-42에,

바울에 관해서는 롬 11:1; 빌 3:5에 있다).

이같이 불순종하는 아들과 제멋대로 하는 딸은 명예에 대한 가족의 자격의 요구를 몹시 불안하게 한다. 그런 사람들은 공적으로 주어진 명령이나 요청에 대해서 순종하지 않음으로써 그 부모를 불명예스럽게 만든다.

압살롬이 그 아비 다윗에게 한 행동(삼하 13-18)을 이 시간 여행의 관점으로 읽을 수 있다. 물론 예수님께서도 자신의 참된 형제, 자매, 어머니는 하나님의 뜻을 행하는 자들이라고 선언하심으로써 자신의 명예와 그 가족의 명예를 의심스럽게 만들었다(막 3:31-35; 마 12:46-50; 눅 8:19-21).

복음서의 전승에 의하면 예수님은 때때로 "세리와 죄인들"과 함께 음식을 먹음으로써 "먹기를 탐하고 포도주를 즐기는 사람"(마 11:19; 눅 7:34)이라고 비난받기 시작하였다고 한다. 이것은 분명히 가족에게 명예를 가져다주는 순종하는 아들과는 반대되는 아들의 행동이다. 위에서 인용된 신명기 21:18-21의 명령은 예수님을 불순종하고 반항하는 아들로 만드는 것이 아닌가? 예수님의 그러한 수치스런 행동에 대해서 어떻게 이해될 수 있는가?

명예와 수치의 법에 있어서, 예수님께서 상류층에 속한 사람이었다면 사회적으로 공격당하지 않는 신분 때문에 그러한 행동도 묵인되고 칭송을 얻을 수 있었을 것이다. 왜냐하면 상류 사람들은 일반 평민들로서는 간단히 이해할 수 없는 그들만의 일이 있으며, 일반 평민들보다 높은 책임이 있기 때문이다. 우리는 예수님이 세례를 받으실 때에 하나님께서 "너를 기뻐하노라"(막 1:11; 마 3:17; 눅 3:22)는 음성과, 예수님께서 변화산에서 변모하셨던 곳에서 "너희는 저의 말을 들으라"(막 9:7; 마 17:5; 눅 9:35)는 음성을 생각하면 예수님의 그런 신분을 가졌을 가능성을 알 수 있다.

2
아버지와 아들, 딸

1세기에 유대에 스티브 크라운이라는 사업가는 예루살렘 주변에 있는 많은 마을을 사업차 방문하였다. 어느날 어느 마을을 지나는데 노인들이 모여서 한 친구를 축하하고 있었다. 궁금하여 곁에 섰는 사람에게 무슨 좋은 일인지 물어 보았다. 그 사람은 "저 노인의 큰 아들이 감람산에 있는 마을에서 돌아와 보니 자기 누이가 남자 친구와 눈이 맞아 놀아나는 것을 보고 누이를 쳐죽였다고 그 노인의 단짝들이 벌여주는 축하연이랍니다"고 말해주었다. 그 말을 들은 스티브는 너무 놀라 뒤로 나자빠질 뻔 했다.

살인을 했는데도 잔치라니, 말이나 되는가?

구속에 대한 지식

1세기에 지중해 연안 지역에서 결혼은 대개 부모들이 성사시켰다. 남자와 눈이 맞아 달아난 딸은 아버지의 명예를 심각하게 해치는 것이었다. 아버지의 명예를 회복시키는 책임은 장남에게 있다. 그 경우 그 아들은 가족의 명예를 더럽히는 구성원을 쳐죽임으로써 명예를 회복시켰다. 명예로운 아버지의 딸이 그런 행동을 하는 것은 아버지의 명예를 손상을 입히는 것이다. 그 아버지는 아버지로서 딸의 결혼에 대해서 결정할 수 있는 책임과 권리를 가지고 있다. 그 딸은 그 가족에게 매어 있는 것이기 때문이다. 말하자면 그녀는 개인이 아니며, 자기 맘대로 결정할 자유가 없다. 또한 그녀는 그 아버지와 그 가족에게 연결되어 있다고 할 수 있다. 그녀의 주요 관심사는 아버지와 그 가족의 가치관과 유익과 명예를 나타내는 방식대로 행동하는 데 있다. 그녀가 개인적으로 생각하고 느끼는 것은 별 의미가 없고, 단지 그녀 자신에게만 필요한 것이다. 그 딸은 자신과 관계되는 아버지의 신분을 인정하지 않으면 안되는데, 왜냐하면 그것은 하나님께서 주신 신분상의 지위이기 때문이다. 그 딸은 남자와 눈이 맞음으로 자신을 주장하는 아버지의 권한에 대해서 전적으로 무시한 행동을 한 것이다. 그녀는 아버지의 권위와 아버지의 사회적인 통제를 무시하고 배격했다. 그 공동체는 그 아버지의 명예에 따른 사회적 지위에 대한 자격을 말과 행동으로 재빠르게 부정할 것이다. 딸이 그런 행동을 하였으므로 그 공동체도 그 아버지의 명예에 대한 자격을 부정할 것이다. 이는 그 아버지가 아버지로서 마땅히 해야 할 딸에 대한 도리를 행하여 통제하지 않았기 때문이다.

한편 맏아들은 가족의 명예를 훼손하는 구성원을 제거함으로써 가문의 지위를 회복했다. 그래서 그 노인들은 아버지의 명예와 가문의 명예를 염려할줄 아는 든든하고 훌륭한 아들을 잘 키웠다고 친구들이 축하해주고 있었던 것이다.

성경에 널리 "구속"과 관련된 사건은 늘 가문의 명예를 회복하고 유지하는 것과 관련된다. 구속의 행적은 잃어버린 명예의 회복과 회복된 명예의 유지에 관심을 두고 있는 사회에서 기원된 것이다. 때때로 구속은 교환이나 매입으로 다른 사람의 생명을 위해 몸 값을 치루는 일이 포함되기도 하고, 또 때로는 강제로 다른 사람을 자유롭게 하는 일도 포함한다. 어떤 형태든지 사람이나 소유를 다시 찾는 노력의 결과는 그 가족이 잃어버린 명예의 회복을 상징한다.

반면에 구속이라는 말이 여러가지 의미를 가지고 있지만, 일반적으로 가장과 가족의 명예를 살리는 가족 구성원을 대개 "구속주"(히브리어 *go'el*)라고 한다. 가족의 명예 유지에 책임이 있는 가족 구성원으로서의 구속주는 여호수아(20:3, 5, 9)와 특히 룻기(2:20; 3:13; 4:1-15)에서 볼 수 있다. 불화하는 상황에서 복수를 해야 하는 책임이 그 구속자에게 있다(민 35:12, 19, 21, 24-28; 신 19:16, 12; 수 20:3, 5, 9; 삼하 14:11). 그는 또한 가족들을 노예에서 해방시킬 책임이 있으며(레 25:48) 혹은 가족들의 재산을 회복시킬 책임이 있다(레 25:25, 48 이하).

룻기를 보면 구속자가 죽은 친척의 토지를 사들여서 그 재산이 가문 내에 유지되도록 할 책임을 지는 것을 볼 수 있다. 친척이 죽어 자식이 없고 과부를 남겼으면, 그 과부와 결혼하고 자식을 두어 고인의 이름을 이어야 할 책임이 있다. 우리는 룻기에서 그 구속자가 자신의 권리와 의무를 다른 가까운 친척에게로 넘길 수 있음을 본다(룻 2:20; 3:9; 4:1-12).

그러한 역할은 제2 이사야 신학에서 나타나는 하나님이 가장 좋아하는 표상이다. 다음의 본문을 묵상하라:

지렁이 같은 너 야곱아,

너희 이스라엘 사람들아 두려워 말라
나 여호와가 말하노니 내가 너를 도울 것이라
네 구속자는 이스라엘의 거룩한 자니라(사 41:14).

너희의 구속자요
이스라엘의 거룩한 자 여호와가 말하노라
너희를 위하여 내가 바벨론에 보내어
모든 갈대아 사람으로
자기들의 연락하던 배를 타고
도망하여 내려가게 하리라(사 43:14).

이스라엘의 왕인 여호와
이스라엘의 구속자인 만군의 여호와가 말하노라
나는 처음이요 나는 마지막이라
나 외에 다른 신이 없느니라(사 44:6).

네 구속자요 모태에서 너를 조성한
나 여호와가 말하노라
나는 만물을 지은 여호와라
나와 함께 한 자 없이
홀로 하늘을 폈으며
땅을 베풀었고(사 44:24).

우리의 구속자는 그 이름이
만군의 여호와 이스라엘의 거룩한 자시니라(사 47:4).

너희의 구속자시요
이스라엘의 거룩하신 자이신
여호와께서 가라사대
나는 네게 유익하도록 가르치고
너를 마땅히 행할 길로 인도하는
너희 하나님 여호와라(사 48:17).

이스라엘의 구속자,
이스라엘의 거룩한 자이신 여호와께서
사람에게 멸시를 당하는 자,
백성에게 미움을 받는 자,
관원들에게 종이 된 자에게 이같이 이르시되
너를 보고 열왕이 일어서며 방백들이 경배하리니
이는 너를 택한 바
신실한 나 여호와 이스라엘의 거룩한 자를 인함이니라
(사 49:7).

내가 너를 학대하는 자로 자기의 고기를 먹게 하며
새 술에 취함같이 자기의 피에 취하게 하리니
모든 육체가 나 여호와는 네 구원자요 네 구속자요
야곱의 전능자인 줄 알리(사 49:26)

이는 너를 지으신 자는 네 남편이시라
그 이름은 만군의 여호와시며
네 구속자는 이스라엘의 거룩한 자시라
온 세상의 하나님이라 칭함을 받으실 것이며(사 54:5).

내가 넘치는 진노로
내 얼굴을 네게서 잠시 가리웠으나
영원한 자비로 너를 긍휼히 여기리라
네 구속자 여호와의 말이니라(사 54:8).

네가 열방의 젖을 빨며
열왕의 유방을 빨고
나 여호와는 네 구원자, 네 구속자,
야곱의 전능자인 줄 알리라(사 60:16).

제2 이사야서에 있는 본문에 의하면 구속자의 행동 특징은 무엇인가? 구속자로서 하나님과 닮은 부분은 무엇인가?

누가복음의 “찬송하리로다 주 이스라엘의 하나님이여 그 백성을 돌아보사 속량하시며”(눅 1:68)라는 찬송처럼, 신약 성경에서 이스라엘의 “하나님은 구속의 근원이시다”라고 했다. 그리고 제자들이 누가복음의 마지막에서 예수님에 대해서 “우리는 이 사람이 이스라엘을 구속할자라고 바랐노라”(눅 24:21)고 고백했다. 물론 예수님은 구속주이시지만, 한 가족의 잃어버린 명예를 회복하는 형제와 같이 행동하였다는 것을 의미한다. “그가 우리를 대신하여 자신을 주심은 모든 불법에서 우리를 구속하시고 우리를 깨끗하게 하사 선한 일에 열심하는 친 백성이 되게 하려 하심이니라”(딛 2:14; 참조 롬 3:24; 고전 1:30; 엡 1:7; 4:30).

3
선생님께 질문하다

헨리 나팔라와 그의 아내는 예루살렘에서 쇼핑을 하고 있는데 시장 한쪽 모퉁에 서서 어떤 사람이 자기를 따르는 무리들에게 탐욕에 대해서 가르치는 것을 목격했다. 사람들에게 물어보고 알게 되기를, 여러 도시에서 그를 따르는 사람들이 많으며 특히 윤리 문제에 있어서 저명한 분으로 알려져 있다고 한다. 그 때 일단의 점잖게 옷을 입은 사람들이 가까이 다가가서 그 선생에게 "당신과 당신의 제자들은 특별히 애를 쓰지도 않는 것 같은데 어떻게 사람들로부터 지지를 받게 되었습니까?" 라고 물었다. 그 선생은 이 질문에 대해 말하기를 "당신들처럼 게으른 부자들이 어떻게 지지를 받겠습니까?" 라고 했다. 헨리 부부는 웃음을 터뜨렸다. 그러나 그 부부는 존경받는 선생이 겉으로 보기에는 얼토당토 않은 답변으로 응수하는 것에 놀랐다.
선생은 왜 그런 식의 답변을 했을까?

명예를 지키다

그 선생은 옷을 잘 차려 있는 사람들의 대변인이 그 선생의 명예에 도전해 오는 질문을 할 때에 그 의도를 간파하였다. 그 선생은 자신의 명예와 따르는 제자들의 명예를 지키기 위해서 호되게 응수하지 않으면 안되었던 것이다.

1세기 지중해 연안 지역에 사는 사람들의 생활은 거의 대부분이 개방되어 있었다. 명예는 가치가 공적으로 인정받을 때 얻어지는 것이었다. 위의 장면처럼 명예가 공격을 받으면 강력히 방어할 필요가 있다. 그같은 방어는 도리어 공격자들로 하여금 수세를 취하게 만드는 반응이다. 도전과 응전의 사회적 "게임"에서 명예를 잘 지키면 명예에 대한 새로운 인정을 얻는 결과가 된다. 그렇게 해서 얻은 명예는 명성과 영광의 차원들을 몇 단계 끌어올려 준다.

질문에 대해서 다른 질문을 함으로써 답변하는 방식은 도전과 응전의 대표적인 상호행동 방식이다. 그리고 그런 상호행동이 일어 날 때에는 논쟁의 요점이 왔다갔다 하기 쉽다. 사실상 상호행동의 요점은 도전과 응전, 명예와 수치이며 바로 이것을 의식적이든 무의식적이든 늘 강하게 품고있는 것이다.

명예에 대한 공개적인 방어와 반대자들에 대한 응수를 이해하기 위해서는 몇몇 도전자들에 대한 예수님의 반응을 살펴 볼 필요가 있다. 혼쭐나게 하는 대답으로 질문이 어떻게 격퇴되는지 주목하라:

> 요한의 제자들과 바리새인들이 금식하고 있는지라 혹이 예수께 와서 말하되 요한의 제자들과 바리새인의 제자들은 금식하는데 어찌하여 당신의 제자들은 금식하지 아니하나이까? 예수께서 저희에게 이르시되 혼인집 손님들이 신랑과 함께 있을 때에 금식할 수 있느냐 신랑과 함께 있을 동안에는 금식할 수

없나니(막 2:18-19).

바리새인들이 예수에게 말하되 보시오 저희가 어찌하여 안식일에 하지 못할 일을 하나이까? 예수께서 가라사대 다윗이 자기와 및 함께 한 자들이 핍절되어 시장할 때에 한 일을 읽지 못하였느냐? 그가 아비아달 대제사장 외에는 먹지 못하는 진설병을 먹고 함께 한 자들에게도 주지 아니하였느냐(막 2:24-26).

이에 바리새인들과 서기관들이 예수께 묻되 어찌하여 당신의 제자들은 장로들의 유전을 준행치 아니하고 부정한 손으로 떡을 먹나이까 가라사대 이사야가 너희 외식하는 자에 대하여 잘 예언하였도다 기록하였으되, 이 백성이 입술로는 나를 존경하되 마음은 내게서 멀도다 사람의 계명으로 교훈을 삼아 가르치니 나를 헛되이 경배하는도다 하였느니라 너희가 하나님의 계명은 버리고 사람의 유전을 지키느니라 또 가라사대 너희가 너희 유전을 지키려고 하나님의 계명을 잘 버리는도다 모세는 네 부모를 공경하라 하고 또 아비나 어미를 훼방하는 자는 반드시 죽으리라 하였거늘 너희는 가로되 사람이 아비에게나 어미에게나 말하기를 내가 드려 유익하게 할 것이 고르반 곧 하나님께 드림이 되었다 하기만 하면 그만이라 하고 제 아비나 어미에게 다시 아무 것이라도 하여 드리기를 허하지 아니하며 너희의 전한 유전으로 하나님의 말씀을 폐하며 또 이같이 일을 많이 행하느니라 하시고(막 7:5-13).

무리를 떠나 집으로 들어가시니 제자들이 그 비유를 묻자온대 예수께서 이르시되 너희도 이렇게 깨달음이 없느냐? 무엇이든지 밖에서 들어가는 것이 능히 사람을 더럽게 하지 못함을 알지 못하느냐 이는 마음에 들어가지 아니하고 배에 들어가 뒤로 나감이라 하심으로 모든 식물을 깨끗하다 하였느니라 또 가라사대 사람에게서 나오는 그것이 사람을 더럽게 하느니라 속에서 곧 사람의 마음에서 나오는 것은 악한 생각 곧 음란과

도적질과 살인과 간음과 탐욕과 악독과 속임과 음탕과 흘기는 눈과 훼방과 교만과 광패니 이 모든 악한 것이 다 속에서 나와서 사람을 더럽게 하느니라.(막 7:17-23)

바리새인들이 예수께 나아와 그를 시험하여 묻되, 사람이 아내를 내어 버리는 것이 옳으니이까? 대답하여 가라사대, 모세가 어떻게 너희에게 명하였느냐.(막 10:2-3)

예수께서 길에 나가실새…선한 선생님이여 내가 무엇을 하여야 영생을 얻으리이까? 예수께서 이르시되 네가 어찌하여 나를 선하다 일컫느냐 하나님 한 분 외에는 선한 이가 없느니라 (막 10:17)

예수께서 성전에서 걸어다니실 때에 대제사장들과 서기관들과 장로들이 나아와 가로되 무슨 권세로 이런 일을 하느뇨? 누가 이런 일할 이 권세를 주었느뇨? 예수께서 가라사대 나도 한 말을 너희에게 물으리니 대답하라 그리하면 나도 무슨 권세로 이런 일을 하는지 이르리라…저희가 서로 의논하여 가로되 만일 하늘로서라 하면 어찌하여 저를 믿지 아니하였느냐 할 것이니 그러면 사람에게로서라 할까 하였으나 모든 사람이 요한을 참선지자로 여기므로 저희가 백성을 무서워하는지라. 이에 예수께 대답하여 가로되 우리가 알지 못하노라 하니 예수께서 가라사대 나도 무슨 권세로 이런 일을 하는지 너희에게 이르지 아니하리라 하시니라.(막 11:27-33)

저희가 예수의 말씀을 책잡으려 하여 바리새인과 헤롯당 중에서 사람을 보내매 와서 가로되 선생님이여 우리가 아노니 당신은 참되시고 아무라도 꺼리는 일이 없으시니 이는 사람을 외모로 보지 않고 오직 참으로써 하나님의 도를 가르치심이니이다 가이사에게 세를 바치는 것이 가하니이까 불가하니이까? 우리가 바치리이까 말리이까 한대 예수께서 그 외식함을 아시고 이르시되 어찌하여 나를 시험하느냐 데나리온 하나를 가져다가 내게 보이라 하시니 가져왔거늘 예수께서 가라사대 이 화상과 이 글이 뉘 것이냐 가로되 가이사의 것이니이다 이에 예수께서 가라사대 가이사의 것은 가이사에게 하나님의 것은 하나님께 바치라 하시니 저희가 예수께 대하여 심히 기이히 여기더라.(막 12:13-17)

사두개인들이 예수께 와서 물어 가로되…형이 자식이 없이 아내를 두고 죽거든 그 동생이 그 아내를 취하여 형을 위하여 후사를 세울지니라 하였나이다 칠 형제가 있었는데 맏이 아내를 취하였다가 후사가 없이 죽고 둘째도 그 여자를 취하였다가 후사가 없이 죽고 셋째도 그렇게 하여 일곱이 다 후사가 없었고 최후에 여자도 죽었나이다 일곱 사람이 다 그를 아내로 취하였으니 부활을 당하여 저희가 살아날 때에 그 중에 뉘 아내가 되리이까? 예수께서 가라사대 너희가 성경도 하나님의 능력도 알지 못하므로 오해함이 아니냐? 사람이 죽은 자 가운데서 살아날 때에는 장가도 아니가고 시집도 아니가고 하늘에 있는 천사들과 같으니라…(막 12:18-27)

4
불륜을 응징하다

월요일 예루살렘 신문에 살인사건 기사가 실렸다. 그 기사의 내용은 어떤 사람이 자기 아내와 간통하는 남자를 죽인 것이었다. 살인자 모에 티샤는 자기 아내와 샤미르와 불륜을 저지른 사실을 알았으며, 미리 충분한 준비를 하고, 칼을 가지고 가서 샤미르를 죽였다. 모든 이웃 사람들은 간통한 사람을 죽인 것은 잘한 것이라고 했다. 그렇지만 예루살렘에 사는 현대인들은 고의적으로 사람을 죽인 것은 법의 처벌을 면할 수 없는 것이라고 생각했다.
왜 그 지역의 사람들은 간통자를 죽인 것이 당연하다고 생각했을까?

불화 예방

남편은 아내와 불륜한 자를 죽임으로써만이 자신의 명예를 지킬 수 있다는 것이다. 간통이란 한 남자의 명예와 관련있는 여자를 통해 다른 남자의 명예에 도전하는 행위이다. 부인들과 출가하지 않은 딸(그리고 손님)은 남편과 아버지의 사회적 영역에 소속되어 있다. 이런 사회적 영역에 소속된 사람들에게 부정한 짓을 하는 것은 그 사람의 명예에 도전하는 것이다. 도전받은 남자는 도전자를 그 영역에서 제거시킴으로써 자기의 명예를 지킨다. 그리고 간통의 문제에 있어서는 도전자를 완전히 제거하는 것이 그 영역으로부터 제거시키는 방법이다.

간통은 자신의 아내가 다른 사람과 성적인 관계를 가짐으로써 자신을 불명예스럽게 만드는 것이므로, 고대 지중해 연안 지역에서 남편은 간통한 자신의 아내를 절대로 처벌하지 못했다. 여자들은 간통할 수 있지만, 남자가 여자를 간통할 수는 없는 것이다.

이런 사고는 여자들이 남자들에게 속해 있다는 생각에 기초하는데, 남자들은 명예를 상징하는 존재이며, 가족을 불명예스럽게 하는 일을 응징하는 것은 그들의 본분이라고 생각한다.

간통은 남자의 명예 뿐만 아니라 가족의 명예에도 큰 손상을 준다. 그 도전의 정도는 명예에 대한 도전이 격퇴될 수 있는 것인지 아닌지에 따라 다르며, 사회적인 경계선이 쉽게 복구될 수 있느냐 없느냐에 따라 다르며, 또 부수적 혹은 실제적인 명예 훼손의 경중에 따라, 심각성과 전체 피해량에 따라 다르다. 한 사람의 경계선에 대한 도전이나 침범은 아주 심각한 것이 될 수도 있다. 가장 심각한 경우는 도저히 취소될 수 없는 치명적이며 전면적인 불명예이다. 이것은 성폭행과 살인, 간통, 유괴 등으로 한 남자(혹은 그의 가족 구성원 중의 한 사람)에게서 그가 현재 필요로 하는 모든 것들(십계명의 후반부에 기재된 모든 것들)을 빼앗음으로써 그를 완전히 사회적으로 매장시키는 행위를 포함한다. 실제로 나열되는 항목들은 이런 것들이다. 즉, 간단히 취소될 수 없고 꼭 보복되어야 하는 행위로서 한 사람의 동료 남성 이스라엘 사람에게 행한 불법적 폭력을 말한다. 그런 행위는 "보복"과 "명예 회복"으로 인한 불화와 끝없는 복수를 중단시키기 위해 십계명에서 명백히 금지된 것들이다. 그와 같은 금지 조항들은 이스라엘 족속의 내부적인 화목을 유지시키는 목적을 가지고 있다. 그래서 내집단의 안정성을 확보하는 것이다(참고, Windows # 18-27).

다윗, 우리아, 밧세바에 관한 이야기를 잘 살펴보라. 높은 신분을 가졌던 다윗은 자기가 거느리는 백성들을 자기 원하는 대로 하였다. 다윗은 자신의 지위가 높았기 때문에 밧세바나 어떤 다른 사람들로부터 받을 보복을 두려워하지 않았으며, 도리어 "명예롭게" 벌받지 않고 사람을 죽일 수 있었다. 동등한 지위에 있는 사람들만이 도전과 응전의 명예 게임을 할 수 있었다. 그럼에도 불구하고 나단 선지자는 다윗에게 그 행위가 수치스러운 것이며, 하나님을 모독하는 것이라고 말해 주었다. 다윗은 밧세바의 남편에게서 "명예 회복"의 위협을 사전에 제거하였지만, 하나님은 다윗의 수치스러운 행위에 대해서 보복하셨다. 그의 자손이 죽고, 그의 집안에 끊임없는 "칼"의 저주를 피할 수 없었다(삼하 11-12장 참고). 다시 강조하는데, 내집단에서 발생하는 간음(그리고 살인)은 복수와 불화를 즉각 불러오는 행위로서 이스라엘의 왕에게는 더더욱 어울리지 않는 행위이다. 그래서 하나님께서 적절한 시범으로 사회적인 화목을 유지하시기 위해서 그런 왕을 벌하지 않으면 안되었던 것이다.

5
은혜를 모르는 미개인들

어느날 유대에 살고 있는 현대인 몇 사람이 서로 이야기하기를, 그들이 유대인 친구들에게 "감사합니다"란 말을 자주하면 유대인 친구들의 얼굴이 굳어지곤 했는데 그 이유를 모르겠다고 했다. 한번은 한 유대인 친구가 귀뜸해 주기를, "감사합니다"라는 말을 너무 자주 하기 때문에 어떤 때는 성가시다는 것이었다. 친구들은 그렇게 자주 또 성가시게 "고맙다"는 말로 귀찮게 하지 않는다고 했다. 그래서 현대인들은 그렇게 하지 말아야 한다는 것이다.

"감사합니다"라고 현대인들이 습관적으로 사의를 표하는 것이 유대인들에게 귀찮게 여겨지는 이유는 무엇일까?

감사냐 결속이냐?

유대인들은 "감사합니다"라는 말을 자제하는데, 그 이유는 사실상 그 말이 "더 이상 필요없습니다. 감사합니다" 혹은 "됐습니다. 감사합니다"라는 뜻을 갖고 있기 때문이다. 사회적으로 어느 정도 비슷한 지위에 있는 사람에게 "감사합니다"라고 말하는 것은 "더 이상 당신과 상관하고 싶지 않습니다!"라는 의미에서 "더이상 필요없습니다. 감사합니다"라고 하는 것이다. 그러므로 어떤 사람이 도와주었을 때에 감사하다고 하는 것은 "나는 앞으로 더 이상 당신에게 신세를 지지 않겠습니다"라는 뜻이다. 그 말은 계속적인 내집단과의 관계에 대한 단절을 의미하며, 깊어가는 우정의 가능성에 대해서 찬물을 끼얹는 격이 된다. 그것이 현대인이 의도하는 바는 아닐지라도 유대인들과 지중해 연안의 사람들을 자극하는 것이다. 이와 같은 이유에서 유대인들은 감사를 받지 않는다.

우리는 내집단에 속한 사람들은 은혜에 대해 계속적으로 보답해야 하는 책임이 있음을 보게 된다(Windows # 39-41 참조). 더욱이 그들이 이야기할 때에 감사하다는 말을 거의 하지 않는다고 해서 고대 유대인들(혹은 현대 지중해 연안 사람들)이 배은망덕한 사람들이라고 생각하거나, 세상 사람들이 자신들에게 생계를 빚지고 있는 것으로 짐작한다고 생각하는 것은 옳지 못하다. 이런 태도가 현대 이스라엘 사람들에게는 맞을지 몰라도 1세기 유대인들은 그렇지 않았다.

유대인에게는 사회적으로 지위가 높은 사람(왕, 로마의 총독, 혹은 하나님과 같은)에게 감사의 표시를 하는 것은 그대로 받을 자격이 없는 은혜를 받았음을 인정을 한다는 의미이다. 일반 사람은 지위가 높은 은인에게서 어떤 것을 마땅히 받을 자격이 없으며, 그런 사람의 내집단의 구성원이 될 자격이 없는 것이다. 그들은 단지 사회적인 의미에서 격차가 너무 벌어져 있는 것이다. 그러나 공적인 인정은 해야 한다. 그와 같은 인정은 사회적인 지위가 높은 사람의 명예와 영광을 높이는 것이다.

누가복음에 유명한 이야기가 있는데, 아마도 이제까지 현대의 사람들에게는 잘 이해되지 않을 부분이엇을 것이지만, 이 시간 여행을 통해서 이해될 수 있을 것이다.

> 한 촌에 들어가시니 문둥병자 열 명이 예수를 만나 멀리 서서 소리를 높여 가로되 예수 선생님이여 우리를 긍휼히 여기소서 하거늘 보시고 가라사대 가서 제사장들에게 너희 몸을 보이라 하셨더니 저희가 가다가 깨끗함을 받은지라 그 중에 하나가 자기의 나은 것을 보고 큰 소리로 하나님께 영광을 돌리며 돌아와 예수의 발 아래 엎드리어 사례하니 저는 사마리아인이라 예수께서 대답하여 가라사대 열 사람이 다 깨끗함을 받지 아니하였느냐 그 아홉은 어디 있느냐? 이 이방인 외에는 하나님께 영광을 돌리러 돌아온 자가 없느냐 하시고 그에게 이르시되 일어나 가라 네 믿음이 너를 구원하였느니라 하시더라(눅 17:12-19).

위에 언급된 감사에 대한 지중해 연안의 사람들의 정서로 보아, 예수님께 고침을 받았던 열명 중에서 아홉은 나중에 다시 예수님과 그 치유의 능력을 요청할지도 모르기 때문에 "감사합니다"라는 말을 하러 오지 않았던 것이다. 무엇 때문에 그에게 감사를 해서 좋은 관계를 끊겠는가? 더욱이 당시 1세기 지중해 연안에서 유행했던 문둥병은 오늘날의 문둥병과는 성질과 다른 것이었다. 그 당시의 문둥병은 여러 모양으로 계속 재발하는 피부병 그 이상의 것이었으며, 차갑고 습한 집의 담벼락이나 짐승의 털 속에서 생기는 곰팡이와 같은 것이었다(레 13:1-14:57). 그리고 앞에서 인용한 누가복음을 통해서 알 수 있는 사실은, 이스라엘 족속 가운데서 고침받았던 사람들은 예수님을 사회적으로 높은 신분이 있는 분으로 인정하지 않았다는 것이다.

또한 이 사마리아인은 이 사람이 예수님을 의지할 필요가 없다고 생각했기 때문에 감사의 표시를 한 것이었다. 예수님의 고치심은 단번에 이루신 것이다. 이같은 관점은 누가가 예수님과 그 사역을, 병자들을 단번에 온전케 하시면서도 모든 것을 새롭게 고치시는 새로운 희년과 같은 것으로 이해하는 것과 일치한다(눅 4:16-21에 나타나 있는 나사렛 회당에서의 예수님의 공적 취임식을 참조하라. 그 희년은 "주의 은혜의 해를 전파하게 하려 하심"이라는 말씀에 암시되어 있다).

6
난폭한 성전지기

월리 웨그너가 예루살렘 시장을 다니고 있는데, 상인 하나가 "이옷은 예루살렘에서 최고 좋은 것임을 맹세합니다"라며 자기가 파는 물건의 품질을 보증한다고 소리치고 있었다. 그러자 그곳에 있던 성전지기가 달려와 몽둥이로 그 상인의 머리를 내리쳤다. 게다가 주위에 있던 사람들은 거친 욕설을 상인에게 퍼부었다. 월리는 갑작스러운 폭력에 깜짝 놀랐다.
그 성전지기는 왜 그 상인을 때렸을까?

서원, 맹세 준수, 명예

그 성전지기는 그 상인이 파는 물건의 품질을 보증하기 위해서 하나님을 들먹이고 하나님의 명예를 격하시키는 행위라고 믿었다. 명예가 최고인 사회에 태어나 자란 사람들은 자신을 포함하여 같은 사회적 지위에 속하는 사람들의 명예도 당연히 지극히 중요하게 지켜주어야 한다는 것을 알고 있다. 이스라엘 족속의 가족 구성원으로서 높은 명예를 가진 사람들은 하나님, 왕과 왕족, 대제사장과 그 집안, 평민을 대표하는 지역 귀족들, 그외 유사한 계층의 사람들이다. 그같은 사람들은 사회적으로는 말하자면 너무 존귀하기 때문에 평민들이 도전하여 명예가 손상될 수 없다. 그들의 명예가 전주민들에게서 전적으로 거부되지 않는 한 명예를 지키기 위해서 치사한 행동은 하지는 않는다. 그러나 일반적인 상황에서는 사회적으로 보다 탁월한 사람들의 명예를 지키는 것은 도덕적인 기준에 따라 살아가는 사람들의 몫이며, 하나님은 사회적으로 존귀한 모든 사람들 중에서도 가장 존귀하신 분이시다.

말로 하는 공격(저주)에서 하나님의 명예를 지키면, 막는 자신의 명예 또한 얻을 수 있게 되는데, 왜냐하면 그 사회에서 유명한 다른 사람들이 그것을 지켜보고 하나님의 명예를 지키는 사람의 명예를 높일 것이기 때문이다.

지중해 연안 지역은 내집단이면서도 외집단의 성격을 가진 세계(in-group-out-group world)이다(참고, Windows # 18-38). 그런 사회에 속한 사람들은 부정하게 사람들에게 거짓말을 하고 외부인들을 속이는 것에 전혀 부담을 가지지 않는다. 이것은 아주 명예스러운 일이다. 사고 파는 것처럼 정직성이 필요한 상황이 또 어떤 곳일까? 바로 그 곳은 서약하고 맹세하는 곳이다. 그렇게 맹세하는 목적은(예를 들면 장사를 할 때에 "이 나귀가 정말 건강하다는 것을 하나님 앞에 맹세합니다"), 애매한 것을 제거하고 자신의 진실한 의도를 명확히 나타내는 데 있다. 맹세란 은근한 저주의 형태와 같은 것이다(예를 들면 나귀가 병들어 죽으면 거짓 증거하는데 하나님을 이용한 것 때문에 저를 벌하실 것입니다). 그리고 사람이 자기가 맹세한 대로 행하지 않으면 여론이 그 사람을 명예스럽지 못하다는 심판을 내릴 것이다(민수기에서 간음 때문에 의심스러운 아내에 관한 율법을 읽으라. 민 5:11-31; 눅 1:73; 행 2:30; 23:12; 14-21; 히 7:20-28). 산상수훈의 대조법 중의 하나를 보아도 장사를 할 때에 그렇게 맹세하는 것에 대해 예수님께서 비판하신 것을 발견할 수 있다.

> 또 옛 사람에게 말한 바 헛 맹세를 하지말고 네 맹세한 것을 주께 지키라 하였다는 것을 너희가 들었으나, 나는 너희에게 이르노니 도무지 맹세하지 말지니 하늘로도 말라. 이는 하나님의 보좌임이요 땅으로도 말라. 이는 하나님의 발등상임이요 예루살렘으로도 말라. 이는 큰 임금의 성임이요 네 머리로도 말라. 이는 네가 한 터럭도 희고 검게 할 수 없음이라 오직 너희 말은 옳다 옳다, 아니라 아니라 하라 이에서 지나는 것은 악으로 좇아나느니라.(마 5:33-37)

여기서 도덕적인 교훈은 특별히 하나님께서 공동 후원자가 되시는 선전하는 데 있어서의 진실성에 대한 것이다. 만약 어느 한 사람이 다른 한 사람에게 맹세를 한다면, 그때는 피맹세자가 아닌 맹세자만이 그 맹세를 한 후에 불명예스럽게 될 수 있다. 증거를 할 때에 하나님을 끌어들이고서 속이거나 거짓말을 하면 그 맹세자는 하나님을 불명예스럽게 만들 수 있다. 하나님의 명예를 지키기 위하여 그 성전지기와 같이, 예수님은 물리적인 힘을 사용하지 않고 마태복음에 있는 말씀을 동일하게 반복하신다.

7
제자없는 스승

스튜 가블러는 유대인 친구 부부와 유대에 일어나고 있는 정치적 현황에 대해서 대화를 나누다가 와인 한 잔 하러 레스토랑으로 가게 되었다. 레스토랑에 들어서는 순간, 바깥에서 작은 무리들이 웅성거리는 소리가 들렸다. 무리들은 어떤 율법 선생이 예루살렘 성전 직원들, 로마에 바치는 세금, 그리고 엘리트 계층들의 평민에 대한 무관심에 대해서 극렬히 비판하는 것을 보고 있었다. 잠시 후, 반대하는 목소리들이 작은 무리 가운데서 커지기 시작했다. 곧장 무리들은 자칭 선생이라고 하는 사람을 떠나 흩어졌다. 그러자 그 식당에 있던 모든 손님들은 그 선생을 보고 깔깔대며 웃었고 심지어는 그를 향해 모욕하는 몸짓까지 하는 것이었다. 스튜는 사람들이 왜 그렇게 재미있어 하는지 이해할 수 없었다.
사람들이 드를 비웃은 이유는 무엇일까?

예수님, 버림받은 선생님?

그 사건을 지켜 보고 있던 사람들은 그 선생이 선생의 신분으로서 존경을 받을 만한 가치를 가지지 못했다는 것이 입증되었기 때문에 웃었던 것이다. 그렇다면 그는 전혀 선생이 될 수 없다. 1세기의 선생들은 모두 남자였다. 선생의 역할은 게다가 남자들의 사회에서 사회적 지위를 대변해 주었다. 원래 선생은 최소한 자기의 가까운 제자들이 동의를 할 것이라는 기대를 가지고 가르치는 법이다. 동의를 하지 않는 것은 사람들이 그의 가르침의 영향력을 인정하지 않는다는 뜻이다. 만약 선생 주변에 섰는 모든 사람들이 선생이 가르치는 도중에 떠나가는 행위는, 구경꾼들에게 있어서 자칭 제자들이라는 사람들도 자기 선생을 신뢰하지 않으므로 불명예의 하나로 해석된다. 반대로 최소한 그 제자들이 그 선생을 믿고 가르침의 진실성을 깨닫고 그의 권위에 대한 말을 수용한다면 그 때에는 그 구경꾼들은 정말로 그를 선생이요 명예로운 사람으로 인정할 것이다.

오직 요한만이 자기 선생을 떠나는 제자들의 전통에 대해서 호상하고 있다. 예수님께서 자신이 생명의 떡이라는 것을 말씀하신 후에 가버나움 회당에서 첨예한 사건이 발생했다.

> 제자 중 여럿이 듣고 말하되 이 말씀은 어렵도다 누가 들을 수 있느냐 한대 예수께서 스스로 제자들이 이 말씀에 대하여 수군거리는 줄 아시고 가라사대 이 말이 너희에게 걸림이 되느냐 그러면 너희가 인자의 이전 있던 곳으로 올라가는 것을 볼 것 같으면 어찌 하려느냐 살리는 것은 영이니 육은 무익하니라. 내가 너희에 게 이른 말이 영이요 생명이라. 그러나 너희 중에 믿지 아니하는 자들이 있느니라. 하시니 이는 예수께서 믿지 아니하는 자들이 누구며 자기를 팔 자가 누군지 처음부터 아심이러라. 또 가라사대 이러하므로 전에 너희에게 말하기를 내 아버지께서 오게 하여 주지 아니하시면 누구든지

> 내게 올 수 없다 하였노라 하시니라. 이러므로 제자 중에 많이 물러가고 다시 그와 함께 다니지 아니하더라. 예수께서 열두 제자에게 이르시되 너희도 가려느냐 시몬 베드로가 대답하되 주여 영생의 말씀이 계시매 우리가 뉘게로 가오리이까 우리가 주는 하나님의 거룩하신 자신 줄 믿고 알았삽나이다(요 6:60-69).

제자들이 떠나는 것 만큼 부끄러운 일이 아닌 또 한 사건이 있는데, 그것은 어떤 사람의 제자들이 지원하기로 한 서약을 무시하는 것에 대한 것이다. 주님이 붙잡하시기 전에 겟세마네 동산에서 계시는 예수님에 대한 공관복음서의 설명에서 이 사건을 발견한다. 그는 자기 제자들에게 자신의 심경이 어떠한지 알려 준다. 그러나 그들은 잠을 자는 행위로 예수님을 무시한다(막 14:32-42; 마 26:36-46; 눅 22:39-46을 보라). 그리고 마침내 예수님이 붙잡히실 때에 제자들은 예수님을 버린다. 요한복음 19:25-26만이 십자가로 가까이 가는 예수님의 내집단의 한 사람에 대해서 말씀하고 있다.

제2장 일반적인 대인관계

이 장에서 소개하려는 일련의 이야기들은 1세기 이스라엘 사람들의 대인관계에 있어서 일반적인 행동 기준을 소개해준다. 고대 지중해 연안 지역은 상호 간에 긴밀히 밀착되어 있었던 사회였다. 상호간의 반응을 최대한 허용하는 기관과 상황은, 비공개하거나 고립하게 하는 기관과 상황의 부러움이 되었다. 당시 유행하고 있었던 원칙은 최대한의 개인적인 교류와 최소한의 사회적 독립이다.

사람들이 다른 사람들에게 정보를 구하지 않고는 일하는 데 필요한 정보를 쉽게 입수할 수 없었으며, 그렇지 않으면 상당한 대가를 지불하고 입수해야 했다. 예를 들면 책이 워낙 부족했다. 사용료는 붙어 있어도 가격표는 없었다. 그리고 광고도 없었다. 읽을거리는 무엇이든지 큰 소리내어 낭독해야 했거나 보도자에 의해서 선포되었다. 독서만이 고립의 명백한 실례였고 고립은 피해야 하는 것이었으므로, 글읽기를 배우려는 의욕이 없었다.

다른 지중해 연안 지역에 사는 사람들과 마찬가지로 고대 유대인들도 서로 함께 강도 높은 상호 교류를 했다. 그들의 언어는 친근하고 감정은 공개적으로 표현했는데 이런 점은 현대인들의 행동거지와 대조적이다. 또한 유대인들은 현대인들이 하는 평가 기준과는 다르게 사람을 평가했다. 중요한 차이는 지중해 연안에 사는 사람들이 사회적으로 공유된 평범한 생각으로 다른 사람들을 평가한 반면에, 현대인들은 대체로 심리적인 동기와 개인주의적인 경력으로 다른 사람을 평가한다.

8

여자같은 남자?

몇 명의 서구의 군인들이 1세기 팔레스타인에서 한 주 동안 경험했던 이야기를 나누고 있었다. 예루살렘에는 아름다운 구경거리들이 있고 주변의 경치들이 아름답고, 바다를 끼고 있어서 대조적으로는 사막과 작은 산들이 어디에나 있어서 매우 아름답다는 데에 모두가 동의했다. 몇 사람이 말하기를, 남자들끼리 팔을 끼거나 손을 잡고 다니는 것을 흔히 볼 수 있었으며, 여자들도 그렇게 하고 다녔다고 했다. 그들은 그 사람의 이야기에 웃기는 했지만, 유대인들의 이런 행동을 어떻게 이해해야 할지 알 수 없었다.
그들의 그런 행동을 어떻게 해석해야 하는가?

예수님은 왜 신체적 접촉을 하셨는가?

남자들이 팔을 끼거나 손을 잡고 다니는 것과 같은 행동은 고대 유대인 친구들은 서로의 개인적인 영역으로 들어 갈 수 있다고 생각하는 것 이상의 의미를 나타내는 것이다. 대체적으로 1세기 지중해 연안 지역에서의 우정은 사회적 · 심리적 영역의 경계를 현대인들 보다 훨씬 낮추는 것을 뜻한다. 친구들은 다른 사람들에게 자신들의 관계를 더욱 공개적으로 접촉함으로써 표현한다. 팔을 끼거나 손을 잡고 다님으로써 다른 사람들에게 자신의 친구라는 것을 알리는 것이며, 만약 누군가 그 친구를 곤란하게 하면, 그 사람은 내게도 역시 해명해야 한다고 요구하는 것이다. 그런 행동은 흔한 것이다. 지중해 연안 사회와 그리고 고대 현대를 막론하고 접촉하는 것에 긍정적인 의미를 두고 있다. 남자들이 더 많이 손을 잡거나 팔짱을 끼며 심지어는 손깍지를 끼기도 한다. 그것은 다른 사람의 영역 안에 포함된다는 중요한 가치의 일부분이다. 이것은 막연한 친구 사이에서 서로 부담없이 언제든지 집으로 찾아가 책이나 물건을 허락없이도 사용할 수 있는 것과 같은, 자기의 영역을 낮추거나 영역이 아예 없는 개념인 것이다. 그러나 이것은 서구에서와 같이 이성간의 성적 접촉을 제외하고, 성적인 의미가 있는 것은 아니다(예를 들면, 성적인 관계를 표현해주는 표현을 살펴보라. 고전 7:1 '남자가 여자를 가까이함'. 여기서 '여자'는 일반적으로 '결혼한 여자' 곧 부인을 일컫는 말이다. 그리고 마 5:28도 보라. '여자'를 보고 음욕을 품는 것은 결혼한 여자를 보고 간음할 생각을 품는 것이며, 이것은 그 남편을 불명예스럽게 만드는 것이다).

이러한 지중해 연안 사람들의 신체 접촉에 대한 장면으로 신약에서 가장 잘 알려진 장면은 요한복음에 나타나있다.

예수의 제자 중 하나 곧 그의 사랑하시는 자가 예수의 품에 의지하여 누웠는지라 시몬 베드로가 머릿짓을 하여 말하되 말씀하신 자가 누구인지 말하라 한대 그가 예수의 가슴에 그대로 의지하여 말하되 주여 누구오니이까 예수께서 대답하시되 내가 한 조각을 찍어다가 주는 자가 그니라 하시고 곧 한 조각을 찍으셔다가 가룟 시몬의 아들 유다를 주시니 조각을 받은 후 곧 사단이 그 속에 들어간지라 이에 예수께서 유다에게 이르시되 네 하는 일을 속히 하라 하시니.(요 13:23-27)

그외 다른 접촉 장면은 주로 병고치는 장면 속에서 살펴볼 수 있다. 치료자의 옷깃을 만지는 것은 자신을 치료자의 사회적인 장소 곧 능력이 미치는 공간에 자신을 맡기는 것이다. 마찬가지로 치료자도 공간을 함께 나누는 상징으로, 그리고 아픈 사람에게 건강을 주고 치료자의 능력과 결속을 함께 나누는 상징으로써 병든 사람들과 신체 접촉을 한다. 끝으로 당시 유행하고 있던 관습을 반영해 주는 바울의 명령을 생각해 보라. "너희가 거룩하게 입맞춤으로 서로 문안하라"(롬 16:16; 고전 16:20; 고후 13:12; 살전 5:26).

9
열린 마음, 닫힌 사고?

모세 벤 븀비는 1세기 팔레스타인에 찾아 왔었던 많은 현대인들을 만나 그들 중 몇 사람과 좋은 친구 관계를 맺었다. 어느날 저녁 지중해 연안의 유대인들과 현대인들을 위한 파티에서 모세는 지중해 연안의 유대인들과 현대인들의 주요 차이점은 무엇이라고 생각하느냐는 질문을 받았다. 그는 지중해 지역의 유대인들은 자기의 마음을 숨김없이 표현하되 생각은 문걸어 잠그는 반면, 현대인들은 그 반대라고 대답했다. 그곳에 있었던 대부분 사람들은 이것이야말로 대단한 비유라고 생각했다.
모세가 던진 비유의 의미는 무엇인가?

왜 예수님은 그렇게도 감성적이셨는가?

지중해 지역 사람들은 현대인들보다 숨김없고 더 감정적이다. 나아가 그들은 대개가 자신의 감정들에 대해서 정당화하거나 변명하지 않지만, 현대인들은 종종 그렇게 하지 않을 수 없다. 다른 모든 지중해 연안 사람들과 마찬가지로 지중해 연안의 유대인들은 감정과 행동에 있어서의 자연 발생적인 것을 중요시한다. 그러므로 그들은 감정을 공개적으로 표현한다. 반면에 현대인들은 더욱 조심스럽다. 이에 대한 부분적인 이유로는 북유럽으로부터 물려받은 절제의 가치관 때문이고, 또 다른 이유는 감정 표출은 유치한 것으로 여기기 때문이다. 그렇다고 그것이 모든 현대인들이 다 그렇다는 것은 아니며, 지중해 지역 유대인들 중에 조심스러운 사람이 없다는 뜻도 아니다. 이런 것들은 두 문화에 있는 가장 주요한 양상일 뿐이고 그런 것들이 유일한 양상은 아니다.

감정 표출은 고대 지중해 지역에 사는 명예스러운 사람의 특징이다. 그래서 우리는 아래에 나오는 책을 통하여 시이저(Caeser)가 먼저 죽은 젊은 아내(그런 일은 나이 많은 여자를 위해 행해지기에 이례적인 것이었다)를 위한 송덕문을 발표하여 대대적인 동정심을 불러 일으켰다는 내용이 나온다.

> 그래서 그들은 그를 부드럽고 감정이 풍부한 사람이라고 생각하여 좋아했다(풀루타르크, 『시이저의 생애』 V2, Loeb451).

시이저는 낭독하면서 알렉산더 대왕을 젊은이로 생각하고 눈물을 흘렸으며(위의 책, XL 3, Loeb 469), 그리고 그는 숙적 폼페이가 망할 때에도 울었다(위의 책, XLVIII 2, Loeb 555). 그리고 비슷한 것으로 『키케로의 생애』에서도 볼 수 있다.

> 카토는 자기가 걸었던 길(폼페이)을 칭송하는 유일한 사람이

었다. 자기 동료 시민들의 목숨을 살려주려는 마음으로부터 우러나온 것이다. 왜냐하면 그가 전쟁터에서 버려진 적들의 주검을 보았을 때에 울음을 터뜨리며 머리를 숙이고 지나갔다 (위의 책, XLI 1, Loeb 543).

끝으로 키케로가 자기 형제를 두고 떠날 때에 "서로 포옹한 후에 크게 울고 그들은 헤어졌다"(플루타르크, 『키케로의 생애』 XLVII 2, Loeb 203)고 했다. 남자들은 시를 읽고 쓴다(성경에 나타나 있는 시와 함께, 예를 들어서 알렉산더 대왕이 어떻게 자주 시문학 대회를 후원했는지를 살펴보라. 플루타르크가 쓴 『알렉산더의 생애』 IV 6 666, Loeb 231-233; XXIX 1 681, Loeb 309에 언급되어 있다). 이런 작품은 지나치게 논리적이지 않다. 그들은 공공 장소에서 껴안고 키스하며(마 26:48과 그밖에 유사한 장면; 눅 7:45; 행 20:37; 롬 16:16 등), 서로를 향한 감정적인 애착에 대해 말한다(빌 1:8; 그리스도인들은 서로 사랑해야 한다, 엡 4:32; 빌 2:1; 벧전 3:8). 여자들은 철저히 실천적이도록 여겨진다(잠 31장 참고, Windows # 29에서 언급되어 있음).

헤롯(마 2:16), 나사렛에서 예수님과 함께 사는 같은 마을 사람들(눅 4:28), 야고보와 요한을 제외한 열명의 제자들(마 20:24), 대제사장들과 서기관들(마 21:15), 그리고 예수님은 분개하고 있는 사람으로 즉, 이런 저런 이유 때문에 불쾌감을 표출하면서 안정감을 잃고 감정을 폭발한 사람으로 묘사되었다. 바울이 쓴 갈라디아서도 이와 같다.

마태복음과 마가복음은 여러 차례에 걸쳐 예수님께서 근심 가운데 있는 사람들 즉, 지도자를 잃은 무리들(마 9:36), 무리들(막 6:34; 마 9:36), 배고픈 사람들(막 8:2; 마 15:32), 두 소경(마 20:34; 막 9:22은 조금 다르다)에게 동정을 보내는 것에 대해서 말하고 있다. 제자 누가는 예수님께서 나인성 과부를 만난 사실에서 역시 같은 것을 말한다(눅 7:13).

끝으로, 이 시간 여행에 나타나는 특징을 설명해주는 사례를 나사로 사건에서 볼 수 있다.

> 예수는 아직 마을로 들어오지 아니하시고 마르다의 맞던 곳에 그저 계시더라 마리아와 함께 집에 있으면서 위로하던 유대인들은 그의 급히 일어나 나가는 것을 보고 곡하러 무덤에 가는 줄로 생각하고 따라가더니 마리아가 예수 계신 곳에 와서 보이고 그 발 앞에 엎드리어 가로되 주께서 여기 계셨더면 내 오라비가 죽지 아니하였겠나이다 하더라 예수께서 그의 우는 것과 또 함께 온 유대인들의 우는 것을 보시고 심령에 통분히 여기시고 민망히 여기사 가라사대 그를 어디 두었느냐 가로되 주여 와서 보옵소서 하니 예수께서 눈물을 흘리시더라 이에 유대인들이 말하되 보라 그를 어떻게 사랑하였는가 하며(요 11:30-36).

10
뜨거운 기질?

크리스 시몬은 신문을 읽으며 아름다운 날씨를 즐기면서 디베랴의 어느 공원에 앉아 있었다. 그곳에 앉아 있는데 지중해 연안의 유대인 두 사람이 다가와 벤치에 앉았다. 잠시후 그 두 사람 사이에 논쟁이 붙었다. 크리스는 아람어를 조금 할 수 있었으므로 생각하기에 두 사람이 운동 경기를 할 때와 같은 별로 중요치 않은 것에 대해서 논쟁을 하고 있다고 판단했다. 그렇지만 그 논쟁은 서로 밀치고 닥치면서 강도가 더 높아졌다. 그러다가는 틀림없이 주먹으로 한 방 날릴 것 같았다. 그런데 곧 그 논쟁이 갑자기 멈추는 것 같았다. 그 중 한 사람이 다른 사람에게 가서 같이 한 잔하자고 권했다. 그들은 아무 일도 없었던 것처럼 함께 공원에서 나왔다.
지중해 연안의 유대인들의 이러한 행동을 어떻게 이해해야 할까?

신약 성경과 특수한 감정

매우 재미있는 것은 현대 지중해 지역의 사람들과 같이 1세기 팔레스타인에서는 다른 특별한 행위에 따라 다른 감정이 복합적으로 일어난다는 것이다. 크리스가 목격했던 그들의 논쟁은 화날 때 할 수 있는 특별한 행동을 하도록 화를 내고, 계속 유지하고, 더욱 북돋우는 한 가지 실례이다(그리고 그 반대의 경우도 있다). 다른 말로 하자면, 지중해 지역의 유대인들의 감정 상태에 대한 반응은 현대인들보다 더 특별하다. 현대인들은 여러 가지로 화가 나면 여러가지로 감정을 표출하나, 지중해 연안의 유대인들은 분노를 아주 특별한 형식으로 표현한다.

이는 현대인들의 감정 표현보다 그 범위가 적고, 특별한 행위에 따르는 특별한 상황에 대해 더욱 특별해 진다. 예를 들면,

1) 질투심은 화나게 한다. 잠언 6:34이 자명하게 입증해 준다. "그 남편이 투기함으로 분노하여 원수를 갚는 날에 용서하지 아니하고"(민 5:29-30; 25:11; 신 29:20; 32:16, 21-23; 시 78:58; 겔 5:13; 16:38, 42; 36:5; 38:19; 슥 8:2; 고후 12:20 2 참고).

2) 슬픔도 화나게 한다. "두번째(부류의 인간으)로 하여금 내 가슴은 아프고 세번째(부류의 인간)에는 분노를 느낀다. 가난에 시달리며 부자유스럽게 지내는 용사와, 진리를 깨닫고 있는데도 세상 사람으로부터 대접을 받지 못하고 있는 사람과 정의의 길을 버리고 악한 길을 좇는 자로써 이들은 주님의 천벌을 받을 것이다. 장사하는 사람으로 잘못을 피하기는 어려운 일이며 사업가로서 죄를 범하지 않을 수는 없으리라"(집회서 26:28[29]).

이 비슷한 표현이 마가복음에도 있다. "저희 마음의 완악함을 근심하사 노하심으로 저희를 둘러보시고 그 사람에게 이르시되 네 손을 내밀라 하시니 그가 내 밀매 그 손이 회복되었더라"(막 3:5)

3) 분노는 살인하게 만든다. "이에 헤롯이 박사들에게 속은 줄을 알고 심히 노하여 사람을 보내어 베들레헴과 그 모든 지경 안에 있는 사내 아이를 박사들에게 자세히 알아본 그 때를 표준하여 두 살 부터 그 아래로 다 죽이니"(마 2:16, 그밖에, 대하 16:10, 28:9; 욥 39:24; 시 46:6; 렘 46:9; 호 11:6).

분노는 전쟁에 대한 충동을 일으킨다. "새벽에 양군은 교전하였다. 유대인들은 용맹했을 뿐 아니라 주님을 신뢰하고 있었기 때문에 성공과 승리의 보장을 받고 있었지만 이방인들은 분노의 감정이 시키는 대로 싸울 따름이었다(마카비하 10:28).

4) 감정은 한쪽으로 쏠려 있으므로 사랑하든지 아니면 증오하게 된다. 중립은 없다. 복음서의 말씀을 생각해 보라.

> 한 사람이 두 주인을 섬기지 못할 것이니 혹 이를 미워하며 저를 사랑하거나 혹 이를 중히 여기며 저를 경히 여김이라 너희가 하나님과 재물을 겸하여 섬기지 못하느니라(마 6:24; 눅 16:31).

> 무릇 내게 오는 자가 자기 부모와 처자와 형제와 자매와 및 자기 목숨까지 미워하지 아니하면 능히 나의 제자가 되지 못하고(눅 14:26).

> 아비나 어미를 나보다 더 사랑하는 자는 내게 합당치 아니하고 아들이나 딸을 나보다 더 사랑하는 자도 내게 합당치 아니하고(마 10:37).

> 자기 생명을 사랑하는 자는 잃어버릴 것이요 이 세상에서 자기 생명을 미워하는 자는 영생하도록 보존하리라(요 12:25).

5) 감정의 집착 역시 한쪽으로 쏠려 있어서 한편을 위하든지 반대하든지 하게 된다. 중립은 있을 수 없다.

우리를 반대하지 않는 자는 우리를 위하는 자니라(막 9:40).

나와 함께 아니하는 자는 나를 반대하는 자요 나와 함께 모으지 아니하는 자는 헤치는 자니라(마 12:30).

예수께서 가라사대 금하지 말라 너희를 반대하지 않는 자는 너희를 위하는 자니라 하시니라(눅 9:50).

나와 함께 아니하는 자는 나를 반대하는 자요 나와 함께 모으지 아니하는 자는 헤치는 자니라(눅 11:23).

그런즉 이 일에 대하여 우리가 무슨 말 하리요 만일 하나님이 우리를 위하시면 누가 우리를 대적하리요(롬 8:31).

논쟁할 때 강력히 반대했던 사람들이 끝에 가서는 판이하게 다른 것을 볼 수 있는데, 마가복음서를 보면 바리새인들과 헤롯당 사람들이 애초부터 예수님을 죽이려고 마음먹었다가(막 3:6), 결국 예수님께 탄복하여 놀라워하고 만다(막 12:17).

11

부모, 학생 그리고 교사

예루살렘에 있는 느헤미야 아카데미에는 학부모와 교사 연합회 모임이 열렸다. 프랭크 로이드는 학교에서 영어를 가르쳐 온지 두 달이 되었다. 그에게는 학부모들과의 첫 모임이었다. 그 학교 학생들은 특별히 선발되었기 때문에 그는 지중해 연안 유대인들과의 의미있는 만남을 기대하게 되었다.

그러나 모임이 시작되자마자 즉각 방어적인 태세를 갖추어야 했다. 많은 학부모들이 자기 자식들이 뭘 잘못하는지 따졌다. 게다가 어떤 학부모들은 아주 무례했다. 그들은 "제가 알기로는 제 아이가 똑똑한데 선생님의 시험에서 낙제나 겨우 면한다니 가르치는데 뭔가 문제가 있는 거 아니예요?" 라며 따졌고 어떤 학부모들은 "왜 그렇게 제 아이를 심하게 미워하는 거예요?" 라고 항의했다. 프랭크는 그 시간이 끝나기만을 기다려야 했다.

이 학부모들의 이러한 행동을 어떻게 설명할 수 있겠는가?

왜 예수님은 행위를 강조하셨는가?

앞서 살펴본 바와 같이, 고대(그리고 현대) 지중해 연안 사람들을 평가하는 데 이용되는 기준은 현대인들과 다르다. 현대인들은 어떤 행동에 대해서 판단을 내리게 되었을 때에 그 사람이 "무엇을 하느냐"와 "어떻게 자기 일을 했는가"에 초점을 맞춘다. 프랭크의 채점 방식은 바로 이같은 서구식의 평가방식에 따라서 이루어졌다. 1세기 팔레스타인에서는, 판단은 그 사람의 성취한 것 뿐 아니라, 그의 자질도 함께 평가한다. 사실, 1세기 팔레스타인에서는 이 두 가지 판단이 얽혀 있기 때문에 학업 성적이 낮음은 자질 또한 낮다는 것을 의미한다. 그러므로 성적은 그 학생의 학업 성취도와 함께 그 학생의 사람 됨됨이의 평가로도 인정된다. C학점의 뜻은 그 학생이 자질이과 성적이 모두 C라는 말이다.

1세기 팔레스타인에서 학업 성취가 낮으면 가정교육을 잘못 받은 것으로 생각했다. 집안(그리고 부모의 양육)과 자녀의 성적이 직접적으로 관계가 있다고 보는 것이다. 이런 관점에서 자식의 성적이 낮은 것을 보고 부모가 화가 나는 것은 당연하다. 끝으로 유대인들에게는 자기 결점을 다른 사람들에게 돌리는 경향이 있다. 따라서 프랭크는 유대인 학부모들에게 일종의 희생양이 되었다. 이와 같은 경우를 입증하는 사례가 많다.

어떤 지중해 연안 사람들은 나쁜 결과는 나쁜 자질을 말한다고 생각하며, 밖에서의 나쁜 성적은 가정교육이 잘못되었음을 반영하기에, 우리가 부족한 것은 결코 우리의 잘못이 아니다 그러니 우리의 부족함을 대신할 희생양으로 진짜 범인을 찾자는 것이다.

이런 점에서 산상수훈의 말미에 있는 비유에서 자질을 드러내기 위해 성취와 행위에 대해 강조하는 말씀을 주의 깊게 읽어보라.

그의 열매로 그들을 알지니 가시나무에서 포도를, 또는 엉겅퀴에서 무화과를 따겠느냐 이와 같이 좋은 나무마다 아름다운 열매를 맺고 못된 나무가 나쁜 열매를 맺나니 좋은 나무가 나쁜 열매를 맺을 수 없고 못된 나무가 아름다운 열매를 맺을 수 없느니라. 아름다운 열매를 맺지 아니하는 나무마다 찍혀 불에 던지우느니라 이러므로 그의 열매로 그들을 알리라 나더러 주여 주여 하는 자마다 천국에 다 들어갈 것이 아니요 다만 하늘에 계신 내 아버지의 뜻대로 행하는 자라야 들어가리라 그 날에 많은 사람이 나더러 이르되 주여 주여 우리가 주의 이름으로 선지자 노릇하며 주의 이름으로 귀신을 쫓아내며 주의 이름으로 많은 권능을 행치 아니하였나이까 하리니 그 때에 내가 저희에게 밝히 말하되 내가 너희를 도무지 알지 못하니 불법을 행하는 자들아 내게서 떠나가라 하리라 그러므로 누구든지 나의 이 말을 듣고 행하는 자는 그 집을 반석 위에 지은 지혜로운 사람 같으리니 비가 내리고 창수가 나고 바람이 불어 그 집에 부딪히되 무너지지 아니하나니 이는 주초를 반석 위에 놓은 연고요 나의 이 말을 듣고 행치 아니하는 자는 그 집을 모래 위에 지은 어리석은 사람 같으리니 비가 내리고 창수가 나고 바람이 불어 그 집에 부딪히매 무너져 그 무너짐이 심하니라(마 7:16-27).

그리고 요한복음에 있는 충고를 눈여겨 보라.

너희가 이것을 알고 행하면 복이 있으리라(요 13:17).

12
성적이 전부는 아니다

베들레헴에 있는 한 초등학교에 두 선생이 있었는데, 한 과목을 합동으로 가르치기로 했다. 그 중 한 선생은 이름이 아미르인데 유대인이요, 또 한 선생은 빌이라는 현대인이었다. 두 선생은 학생들에게 합동으로 가르쳤으며 가르치는 정보도 함께 나누었다.

기말 고사도 함께 준비하고 시험 지도도 같이 하고 채점도 같이 했다. 이 순간까지는 두 사람은 잘 보냈지만, 성적표 확인할 때 문제가 발생했다. 빌과 아미르는 성적을 낸 후 확인해 보았다. 하지만 비교해 보니 아미르 선생이 준 점수는 빌 선생보다 후한 점수여서 등수를 매기는 데 많은 어려움을 겪었다. 빌 선생은 "아미르 선생님, 이 아이는 전과목에서 '미'를 받았어요"라고 말하자, 아미르는 "그 아이는 참 착해요. 그리고 우리가 출제한 방식 때문에 어려움을 겪었데요"라고 말했다. 일을 마치기는 했지만 빌은 다시는 유대인 선생과 공동 수업을 하지 않기로 다짐했다.

두 선생의 차이에 대해서 어떻게 설명해야 하겠는가?

왜 예수님은 성취 그 이상의 것으로 평가하시는가?

지중해 연안의 유대인들과 현대인들은 대개 사람들을 평가하는 데 있어서 기준들이 다르다. 현대인들은 단지 사람들이 성취한 것에만 기초해서 평가하는 경향이 있다. 이렇게 빌은 사람이 얻은 점수에만 기초해서 학생들을 평가하고자 했다. 1세기 유대에서는 그 사람의 성취 뿐만 아니라 그 사람의 자질에 기초해서 판단했다. 성적은 그 사람의 성취일 뿐 아니라 그 사람의 됨됨이 대한 평가이다. 이처럼 그 학생이 착하고 개인적인 어려움이 있었고 마음씨가 좋다는 사실이 아미르가 성적을 매기는 데 영향을 주었다. 다른 말로 하자면, 현대인들은 임무 완수와 성취 그리고 그 사람이 행한 것과 행하고 있는 것에 기초해서 평가한다. 지중해 지역 사람들은 성취와 성품 두 가지 모두를 기준으로 해서 평가한다.

탕자의 비유를 생각해 보라. 서구 기준에 의하면, 형은 올바르고 성낼 수 있는 모든 자격을 갖고 있다. 그러나 지중해 지역 사람들의 기준에 의하면 동생도 공정하게 취급받는다.

> 또 가라사대 어떤 사람이 두 아들이 있는데 그 둘째가 아비에게 말하되 아버지여 재산 중에서 내게 돌아올 분깃을 내게 주소서 하는지라 아비가 그 살림을 각각 나눠 주었더니 그 후 며칠이 못되어 둘째 아들이 재산을 다 모아 가지고 먼 나라에 가 거기서 허랑방탕하여 그 재산을 허비하더니 다 없이한 후 그 나라에 크게 흉년이 들어 저가 비로소 궁핍한지라 가서 그 나라 백성 중 하나에게 붙여 사니 그가 저를 들로 보내어 돼지를 치게 하였는데, 저가 돼지 먹는 쥐엄 열매로 배를 채우고자 하되 주는 자가 없는지라 이에 스스로 돌이켜 가로되 내 아버지에게는 양식이 풍족한 품꾼이 얼마나 많은고 나는 여기서 주려 죽는구나 내가 일어나 아버지께 가서 이르기를 아버지여 내가 하늘과 아버지께 죄를 얻었사오니 지금부터는 아버지의 아들이라 일컬음을 감당치 못하겠나이다 나를 품꾼의 하

나로 보소서 하리라 하고 이에 일어나서 아버지께 돌아가니라 아직도 상거가 먼데 아버지가 저를 보고 측은히 여겨 달려가 목을 안고 입을 맞추니 아들이 가로되 아버지여 내가 하늘과 아버지께 죄를 얻었사오니 지금부터는 아버지의 아들이라 일컬음을 감당치 못하겠나이다 하나 아버지는 종들에게 이르되 제일 좋은 옷을 내어다가 입히고 손에 가락지를 끼우고 발에 신을 신기라 그리고 살진 송아지를 끌어다가 잡으라 우리가 먹고 즐기자 이 내 아들은 죽었다가 다시 살아났으며 내가 잃었다가 다시 얻었노라 하니 저희가 즐거워하더라 맏아들은 밭에 있다가 돌아와 집에 가까왔을 때에 풍류와 춤추는 소리를 듣고 한 종을 불러 이 무슨 일인가 물은대 대답하되 당신의 동생이 돌아왔으매 당신의 아버지가 그의 건강한 몸을 다시 맞아들이게 됨을 인하여 살진 송아지를 잡았나이다 하니 저가 노하여 들어가기를 즐겨 아니하거늘 아버지가 나와서 권한대, 아버지께 대답하여 가로되 내가 여러 해 아버지를 섬겨 명을 어김이 없거늘 내게는 염소 새끼라도 주어 나와 내 벗으로 즐기게 하신 일이 없더니 아버지의 살림을 창기와 함께 먹어 버린 이 아들이 돌아오매 이를 위하여 살진 송아지를 잡으셨나이다. 아버지가 이르되 얘 너는 항상 나와 함께 있으니 내 것이 다 네 것이로되 이 네 동생은 죽었다가 살았으며 내가 잃었다가 얻었기로 우리가 즐거워하고 기뻐하는 것이 마땅하다 하니라(눅 15:11-32).

이런 관점을 가지고 마태복음 21장에 있는 비유를 생각해 보라.

그러나 너희 생각에는 어떠하뇨 한 사람이 두 아들이 있는데 맏아들에게 가서 이르되 얘 오늘 포도원에 가서 일하라 하니 대답하여 가로되 아버지여 가겠소이다 하더니 가지 아니하고, 둘째 아들에게 가서 또 이같이 말하니 대답하여 가로되 싫소이다 하더니 그 후에 뉘우치고 갔으니 그 둘 중에 누가 아비의 뜻대로 하였느뇨 가로되 둘째 아들이니이다 예수께서 저희에게 이르시되 내가 진실로 너희에게 이르노니 세리들과 창기들이 너희보다 먼저 하나님의 나라에 들어가리라(마 21:28-31).

13
집단과 혼자 있음

할리 존스톤은 예루살렘 대학교에서 고전학을 공부하는 학생이었다. 그는 많은 지중해 연안의 유대인 학생들을 알게 되었는데 모두 남학생들이었다. 여자에 대해 그가 나중에 알게 된 것은, 여자들은 대학에 다니는 것이 허락되지 않았다는 것이다. 그 이유는 아무 관계없는 남자들 앞에 나타나야 하기 때문이었다.
할리는 사회적 양식에 적응하는 데 약간의 어려움이 있었다. 두어 차례에 걸쳐 어떤 이와 사귀려고 했는데, 그러나 놀란 것은 그가 그 사람을 만나려고 가면 이미 두 서넛의 다른 남자들이 와 있었던 것이다. 할리가 남자 급우와 같이 공부하거나 이야기를 나누려고 방문하였을 때도 같은 일이 발생하였다. 그는 다른 사람들이 있어서 아무것도 하지 못하는 그런 일을 자주 발견할 수 있었다. 어떻게 되는건지 그는 도대체 이해할 수 없었다.
그 이유는 무엇일까?

복음서에 나타난 혼자있는 집단

1세기 팔레스타인에서 사람들은 서로를 대하는 데 있어서 집단 지향적이었다. 지중해 연안의 유대인들은 홀로 있거나 다른 한 사람과만 나누는 서구적인 의미에서의 사생활에 대해서는 크게 가치를 두지 않는다. 따라서 유대인들은 예고없이 친구를 방문하는 것에 대해서 전혀 부담감을 가지지 않으며, 몇 사람이 있어도, 언제라도 상관없다. 다른 사람들을 집단에 합류하도록 하는 개방성은 서구인들 사이에 존재하는 사회적 경계선과 비교하면 유대인 친구들 사이에는 아마 거의 없을 정도라는 것을 암시해 준다. 지중해 연안의 유대인들은 현대인들보다는 사생활에 별 가치를 두지 않지만, 그렇다고 그들의 문화가 완전히 이질적이라는 것은 아니다. 그러나 사생활은 불명예를 가져다 주는 핵가족 문제에 주로 국한되어 있다.

예수님께서 자주 홀로 계시기 위해서 한적한 곳으로 가셨던 때를 기억하라. 예수님은 거의 언제나 집단과 함께 따로 떨어져 홀로 계셨거나, 혹은 소리를 들을 수 있는 근거리에서 무리들과 떨어져 계시기도 하였다. 예를 들면, 현대인의 견지에서 보면 다음 문장은 예수님께서 홀로 계셨다고 보기 어렵다.

> 예수께서 홀로 계실 때에 함께 한 사람들이 열두 제자로 더불어 그 비유들을 묻자오니(막 4:10).

> 예수께서 따로 기도하실 때에 제자들이 주와 함께 있더니 물어 가라사대 무리가 나를 누구라고 하느냐(눅 9:18).

홀로 있거나 떨어져 있거나 비공개로 있다는 것은 주로 친한 친구들이나 가족과 함께 있으며, 일반 대중과 떨어져 있다는 뜻이다. 그러므로 어떤 사람이 다정한 사람들이나 친한 친구들과, 아니면

12명이나 더 이상의 사람들과 함께 있기 위해 비공개로 떠나가는 것이다. 다음 구절을 살펴 보라.

> 비유가 아니면 말씀하지 아니하시고 다만 혼자 계실 때에 그 제자들에게 모든 것을 해석하시더라(막 4:34).

> 예수께서 그 사람을 따로 데리고 무리를 떠나사 손가락을 그의 양 귀에 넣고 침 뱉아 그의 혀에 손을 대시며(막 7:33).

> 집에 들어가시매 제자들이 종용히 묻자오되 우리는 어찌하여 능히 그 귀신을 쫓아내지 못하였나이까(막 9:28).

> 예수께서 감람 산에서 성전을 마주 대하여 앉으셨을 때에 베드로와 야고보와 요한과 안드레가 종용히 묻자오되(막 13:3).

> 제자들을 돌아보시며 종용히 이르시되 너희의 보는 것을 보는 눈은 복이 있도다(눅 10:23).

> 이러므로 너희가 어두운 데서 말한 모든 것이 광명한 데서 들리고 너희가 골방에서 귀에 대고 말한 것이 집 위에서 전파되리라(눅 12:3).

그러나 '홀로'(alone) '따로'(apart) 혹은 '종용히'(privately)라는 단어들은 서구적인 의미로서의 사생활에 대해서 충분히 잘 표현해 준다. 예를 들면,

> 네 형제가 죄를 범하거든 가서 너와 그 사람과만 상대하여 권고하라 만일 들으면 네가 네 형제를 얻은 것이요(마 18:15).

그럼에도 불구하고 '종용히/사사로이'라는 말에는 큰 집단 단위도 포함될 수도 있기 때문에 다른 사람들이 전혀 없는 것에 대

해서 이상하게 생각할 수도 있을 것이다.

> 계시를 인하여 올라가 내가 이방 가운데서 전파하는 복음을 저희에게 제출하되 유명한 자들에게 '사사로이' 한 것은 내가 달음질하는 것이나 달음질한 것이 헛되지 않게 하려 함이라 (갈 2:2).

14
청년보다 더 귀한 노년

20대 초반인 헹크와 지브는 여리고에 있는 조그만 회사에서 함께 일하고 있었다. 어느날 오후 사장인 죠쉬 벤 하라가 와서 지브에게 근처 정부 기관에 가서 조사를 해오라고 지시했다. 지브는 그 정부 기관에 가서 자신은 사장을 위해 어떤 자료를 조사하러 왔다고 말했다. 그러나 담당자는 지브가 그 자료를 찾아가는 것을 허락하지 않았으며, 그가 너무 어리기 때문에 그런 자료에 접근할 수 없다고 말해 주었다. 그래서 지브는 나이든 회사 간부를 그에게 모시고 다시 와서 자료를 얻는데 허락을 받았다. 헹크는 이 일 때문에 어안이 벙벙했다. 왜 지브가 나이든 간부와 함께 오고서야 허락받을 수 있었을까?

나이든 간부가 정부 기관에서 일하고 있는 사람들의 협조를 얻어 내는데 필요한 신분을 지브에게 주었다. 1세기 팔레스타인에서 신분을 결정하는 요소 중 하나는 나이이다. 대체적으로 나이가 들면 들수록 다른 사람들에게서 신분이 더 높다는 평가를 받는다. 이처럼, 비록 지브가 학력이 높다 해도 나이가 충분하지 않았으므로 그 기관에 있는 사람들로부터 협조를 얻는 데 필요한 자격을 얻을 수 없었다. 나이든 간부를 대동함으로써 그의 신분은 격상되었고 그래서 자료 조사를 할 수 있게 되었다. 나이가 든 사람일수록 신분이 높아지므로 청년은 신뢰성 때문에 항상 어려움을 겪는다. 이 주제에 대한 집회서를 보라.

> 얘야 들어라, 네게 그 의지가 있다면 지혜를 배울 수 있고 지혜에 정진하면 현명해질 것이다. 네가 듣기를 좋아하면 얻는 것이 많겠고 귀를 기울일 줄 알면 현자가 될 것이다. 너는 노인들의 모임에 자주 참석하고 그 중에 현명한 사람이 이있거든 그와 가까이 하여라.(집회서 6:32-34)

> 젊었을 때 아무것도 모아 두지 않는다면 늙어서 어떻게 하여 찾을 수 있겠는가. (현명한)판단은 백발의 노인에게, 좋은 책략을 분별하는 것은 고로(古老)에게 어울리는 일이다. 지혜는 노인에게, 사려와 충고는 명사에게 어울리는 일이다. 노인의 명예는 오랜 세월을 걸쳐 쌓은 인생의 체험이고, 그들의 자랑은 주님을 경외하는 마음이다.(집회서 25:3-6)

고린도전서에서 고린도 사람들이 디모데 때문에 어려워한다고 바울이 밝혔다. 디모데전서에서는 그 어려움이 디모데의 연소함에 있었다는 것을 발견하게 된다(고전 16:10-11).

> 누구든지 네 연소함을 업신여기지 못하게 하고 오직 말과 행실과 사랑과 믿음과 정절에 대하여 믿는 자에게 본이 되어.(딤전 4:12)

15
친구같은 선생님

레스 와이트라는 한 젊은 현대인 선생이 지중해 연안의 유대인 아카데미에서 영어를 가르치기 위해서 1세기 팔레스타인에 왔다. 그는 다른 선생들이 교실에서 어떻게 행동하는지 보기 위해 미리 여러 차례 학교에 가보았다.

레스는 지중해 연안의 유대인 선생들이 학생들에게 지나칠 정도로 딱딱하게 대한다고 판단하고, 다른 방식으로 수업을 진행하기로 결심했다. 교실에 들어갈 때 정장을 하지 않고, 학생들에게 숙제를 하는데 어떤 어려움이 있는지 물었다. 토론할 때마다 학생들과 웃고 농담도 했다. 숙제를 가지고 토론한 후 새로운 과제로 넘어갔다. 그러나 곧이어 수업이 엉망이 되버렸음을 깨달았다. 학생들은 수업 시간에 자기들끼리 잡담하고, 지각을 하고, 공부를 하지 않는 것이었다. 레스는 자기가 무엇을 잘못했는지 몰랐다.

왜 그 수업이 그렇게 엉망이 되었을까?

형식의 세계

레스는 형식적인 것들을 도외시했다. 1세기 팔레스타인과 현대 지중해 연안에서는 어느 정도 형식적인 것을 자기보다 탁월한 윗사람들에게서 기대한다. 즉, 윗사람과 아랫사람 사이에 반드시 어느 정도의 거리와 경계가 있어야 한다. 레스가 자기 반을 너무 형식없이 끌었기 때문에 학생들이 보기에 그가 신분을 상실했던 것이다. 그래서 학생들은 더 이상 선생의 지시를 따를 필요를 전혀 느끼지 못했던 것이다. 이상적인 상황은 학생들의 행동과 노력에 대해서 순수한 관심을 나타내면서도 자기 신분을 유지하는 것이다. 다음 단락에 있는 자세를 생각해 보라.

> 바울이 공회를 주목하여 가로되 여러분 형제들아 오늘날까지 내가 범사에 양심을 따라 하나님을 섬겼노라 하거늘 대제사장 아나니아가 바울 곁에 섰는 사람들에게 그 입을 치라 명하니 바울이 가로되 회칠한 담이여 하나님이 너를 치시리로다 네가 나를 율법대로 판단한다고 앉아서 율법을 어기고 나를 치라 하느냐 하니 곁에 선 사람들이 말하되 하나님의 대제사장을 네가 욕하느냐 바울이 가로되 형제들아 나는 그가 대제사장인 줄 알지 못하였노라 기록하였으되 너의 백성의 관원을 비방치 말라 하였느니라 하더라(행 23:1-5).

사회적으로 윗사람과 아랫사람 사이에 있는 결정적인 차이가 나기 때문에 어느 정도의 형식적인 것을 자기보다 탁월한 윗사람에게서 기대한다. 예수님은 대제사장에게 그 지위에 상당하는 존경의 표시를 하지 않고 질문을 함으로써 따귀를 맞고 불명예스럽게 되었다.

> 대제사장이 예수에게 그의 제자들과 그의 교훈에 대하여 물으니 예수께서 대답하시되 내가 드러내어 놓고 세상에 말하였노

라 모든 유대인들의 모이는 회당과 성전에서 항상 가르쳤고 은밀히는 아무 것도 말하지 아니하였거늘 어찌하여 내게 묻느냐 내가 무슨 말을 하였는지 들은 자들에게 물어보라 저희가 나의 하던 말을 아느니라 이 말씀을 하시매 곁에 섰는 하속 하나가 손으로 예수를 쳐 가로되 네가 대제사장에게 이같이 대답하느냐 하니 예수께서 대답하시되 내가 말을 잘못하였으면 그 잘못한 것을 증거하라 잘 하였으면 네가 어찌하여 나를 치느냐 하시더라(요 18:19-23).

바울은 명령을 내려서 사회적으로 요청되는 형식을 따르기로 한다는 의사를 표현했다.

각 사람은 위에 있는 권세들에게 굴복하라 권세는 하나님께로 나지 않음이 없나니 모든 권세는 다 하나님의 정하신 바라… 그러므로 굴복하지 아니할 수 없으니 노를 인하여만 할 것이 아니요 또한 양심을 인하여 할 것이라(롬 13:1, 5).

그리고 그는 일련의 일반적인 원칙으로 끝을 맺는다.

모든 자에게 줄 것을 주되 공세를 받을 자에게 공세를 바치고 국세 받을 자에게 국세를 바치고 두려워할 자를 두려워하며 존경할 자를 존경하라(롬 13:7).

그러한 종류의 형식의 차이가 기독교 안에서도 흔히 나타난다.

형제들아 우리가 너희에게 구하노니 너희 가운데서 수고하고 주 안에서 너희를 다스리며 권하는 자들을 너희가 알고(살전 5:12).

굴복하라는 여러 가지 명령은 대개가 적절한 형식에 관한 것이다. 즉 아내가 남편에게, 자녀가 부모에게, 종이 주인에게(참고, 엡

5:21-6:9; 골 3:18-24) 대한 것이다. 그래서 베드로는 다음과 같이 말하고 있다.

> 인간에 세운 모든 제도를 주를 위하여 순복하되 혹은 위에 있는 왕이나 혹은 악행하는 자를 징벌하고 선행하는 자를 포장하기 위하여 그의 보낸 방백에게 하라(벧전 2:13-14).

더 나아가 형식을 따지지 않는 교사와 학생, 스승과 제자 관계는 거의 찾아 보기 힘들다. 복음서 전체에 걸쳐서 예수님께서 제자들과 그외 사람들에게서 어떤 칭호를 받았는지 살펴 보라. "주"(the Lord)는 '선생님' (Sir)과 '스승님' (Master)이라는 칭호와 맞먹는 것으로서 존경의 척도이다. 그리고 "선생님"(지위에 대한 인정)이라는 칭호는 가장 흔한 것이다. 요점은 복음서에 나타난 어느 누구와도 예수님과의 관계에 있어서 형식이 없는 것은 하나도 없다.

"스승님"(Master)에 대한 관련 구절: 마 26:25, 49; 막 9:5; 11:21; 14:45('랍비' [Rabbi]로 번역하였음); 눅 5:5; 8:24, 45; 9:33, 49('에피스타테스' [*epistates*]로 번역하였음). "선생님"(Teacher) 관련 구절: 마 8:19; 12:38; 17:24; 19:16; 22:16; 24, 36; 26:18; 막 4:38; 5:35; 9:17, 38; 10:17, 20, 35; 12:14, 19, 32; 13:1; 14:14; 눅 3:12; 7:40; 8:49; 9:38; 10:25; 11:45; 12:13; 18:18; 19:39; 20:21, 28, 39; 21:7; 22:11.

16
'친절한' 여주인

로렌 바울레이의 남편은 1세기 팔레스틴에서 일한지 5년 정도 되었다. 그 부부는 집을 장만할 수 있게 되었다. 부인 로렌은 한 주에 엿새를 일하면서 남편을 도왔다. 청소와 세탁을 해주는 가정부를 두었다. 로렌은 가정부를 친구같이 여기고 후하게 대우해 주었다.
매일 아침 출근하면서 깨끗하게 다려 놓으라고 입고 싶은 옷을 내놓고 출근했다. 그런데 어느날 귀가해 보니 지중해 연안의 유대인 가정부는 엉뚱하게 다른 드레스와 블라우스만 다려 놓았다. 로렌이 그 이유를 물어보니 가정부는 로렌이 골라놓은 드레스가 아름다운지 구분할 수 없었고, 소매없는 블라우스를 입기에는 너무 이른 철이라고 생각했다는 것이었다. 로렌은 단단히 화가 났다.
그 가정부는 왜 그런 행동을 했을까?

기독교 봉사의 사회적 차원

그 가정부는 자신이 어느 정도 적당히 일을 해도 되는지 알기 위해 여주인 로렌을 테스트하고 있다. 1세기 팔레스타인에서 하녀들은 비교적 하층 계급에 속했다. 많은 사람들이 노예로서 사회 체제의 낮은 신분에 속했다. 그래서 그들은 대개 자신의 고용주나 소유주가 자신에게 딱딱하게 굴 것이라 생각했다. 하지만 로렌이 그 가정부를 친구로 대해 주어 여주인과의 관계에 있어서 필요한 격차나 차이를 두지 않음으로써 로렌의 신분 역시 비교적 낮다는 인상을 주었다. 결국, 그 가정부는 로렌을 불순종하기 시작했고, 자신이 어느 정도까지 처신해야 하는지 파악하려 하였다.

종이나 하인을 친구같이 대우해 주면 자신과의 사회적 신분 격차를 유지할 수 없게 된다. 그렇게 하면 자기 신분이 그 종과 같다는 인상을 주게 된다.

> 당나귀에게는 여물과 채찍과 짐꾸러미를 안겨주고 종에게는 빵과 벌과 일을 주어라. 종에게는 가차없이 일을 시켜라. 그러면 너는 평안하게 잠을 잘 수 있을 것이다. 멍에나 안장은 (소나 말의) 목을 꺾고 성미가 고약한 종은 막대기로 때려서 길들인다. 게으름을 부리지 못하도록 충분한 일감을 할당하여라. 게으름은 온갖 나쁜 것의 시초이다. 그에게는 일정한 일을 떠맡겨 주어라. 만일 말을 듣지 않거든 벌을 주어라. 그러나 누구에게도 과중한 일을 시키지 말고 너 자신도 정의에 어긋나는 일을 하지 말아라. 만일 네가 종을 (하나) 데리고 있다면 그를 네 몸과 같이 아껴쓰라. 그를 너의 피땀으로 샀기 때문이다. 만일 네게 종이 있거든 그를 네 형제처럼 보살펴 주어라. 네 영혼이 네게 필요한 것처럼 그를 필요로 하는 때가 있기 때문이다. (그렇지 않고) 그를 학대하여 그가 도망가면 어디에 가서 그를 찾아내겠느냐(집회서 33:25-31).

부끄러워 하지 말라…악한 종을 엄하게 때리는 것을(집회서 42:1, 5).

그리고 사도들에게서도 이와 같은 충고를 받는다.

사환들아 범사에 두려워함으로 주인들에게 순복하되 선하고 관용하는 자들에게만 아니라 또한 까다로운 자들에게도 그리하라(벧전 2:18).

종들로는 자기 상전들에게 범사에 순종하여 기쁘게 하고 거스려 말하지 말며(딛 2:9).

그리고 예수님께서 자신의 사도들의 발을 씻기고자 하실 때 베드로가 제기했던 문제를 주목하라(요한복음에 기록되었음). 예수님의 행동은 종이 하는 행동이었다.

저녁 잡수시던 자리에서 일어나 겉옷을 벗고 수건을 가져다가 허리에 두르시고 이에 대야에 물을 담아 제자들의 발을 씻기시고 그 두르신 수건으로 씻기기를 시작하여 시몬 베드로에게 이르시니 가로되 주여 주께서 내 발을 씻기시나이까 예수께서 대답하여 가라사대 나의 하는 것을 네가 이제는 알지 못하나 이후에는 알리라 베드로가 가로되 내 발을 절대로 씻기지 못하시리이다. 예수께서 대답하시되 내가 너를 씻기지 아니하면 네가 나와 상관이 없느니라 시몬 베드로가 가로되 주여 내 발뿐 아니라 손과 머리도 씻겨 주옵소서 예수께서 가라사대 이미 목욕한 자는 발밖에 씻을 필요가 없느니라 온 몸이 깨끗하니라 너희가 깨끗하나 다는 아니니라 하시니 이는 자기를 팔 자가 누구인지 아심이라 그러므로 다는 깨끗지 아니하다 하시니라 저희 발을 씻기신 후에 옷을 입으시고 다시 앉아 저희에게 이르시되 내가 너희에게 행한 것을 너희가 아느냐 너희가

> 나를 선생이라 또는 주라 하니 너희 말이 옳도다 내가 그러하다 내가 주와 또는 선생이 되어 너희 발을 씻겼으니 너희도 서로 발을 씻기는 것이 옳으니라(요 13:4-14).

그리고 공관복음에서도 다음과 같은 내용을 발견한다.

> 예수께서 제자들을 불러다가 가라사대 이방인의 집권자들이 저희를 임의로 주관하고 그 대인들이 저희에게 권세를 부리는 줄을 너희가 알거니와 너희 중에는 그렇지 아니하니 너희 중에 누구든지 크고자 하는 자는 너희를 섬기는 자가 되고, 너희 중에 누구든지 으뜸이 되고자 하는 자는 너희 종이 되어야 하리라 인자가 온 것은 섬김을 받으려 함이 아니라 도리어 섬기려 하고 자기 목숨을 많은 사람의 대속물로 주려 함이니라(마 20:25-28).

지중해 연안의 사람들에게는 자기보다 탁월한 신분을 가지고서 그 신분에 걸맞는 양식으로 행동하지 못하는 사람들에 대해서는 강하게 분개하는 경향이 있다. 그러므로 윗 사람들은 아랫 사람들을 감독함으로써 경계선을 유지하고 존경을 받는다.

또한 기독교 공동체에서 존경을 받기 위해서는 기독교 지도자들은 집에서도 품위에 걸맞는 행동을 해야 한다.

> 자기 집을 잘 다스려 자녀들로 모든 단정함으로 복종케 하는 자라야 할지며(딤전 3:4).

지혜로운 사람들은 자기 행동의 품위를 잘 유지한다.

> 지혜자의 마음은 초상집에 있으되 우매자의 마음은 연락하는 집에 있느니라(전 7:4).

17

판매자 위주의 시장

상인인 탐 샌더스는 1세기 팔레스타인으로 와서 새로운 아파트를 장만하고 가구도 구입해야 했다. 그는 물건의 대부분을 동네에 있는 유대인 상인으로부터 구입하고 비교적 만족스러웠다.
한 달쯤 후에 그는 수년간 그 나라에 있었던 친구 한 사람과 만나 이야기를 나누게 되었다. 그 친구에게 가구를 어디에서 구입했으며 얼마나 지불했는지 말해주었다. 그러자 그 친구는 놀라면서 탐이 모든 물건마다 30%나 비싸게 주었다고 말해 주었다. 탐은 놀라면서 자기는 상인이 말하는 대로 주었을 뿐이라고 말했다. 그래서 다른 가게에 가서 가격을 확인해 보았더니 자기가 지불한 가격과 비슷했다. 탐은 매우 화가 났다.
왜 그 친구는 탐에게 너무 비싸게 샀다고 말했는가?

공정가격은 특별한 때만 붙인다

탐은 그곳에 가격을 깎는 관습이 있다는 것을 몰랐던 것이다. 1세기 팔레스타인에는 가격표라는 것이 대개 없었다. 붙어 있다면 의도적으로 실제 가격보다 높게 붙였다. 그 이유는 지중해 연안의 생활에서는 사람과 사람 중심으로 일을 결정하기 때문이다. 그러므로 상인과 손님은 흥정을 당연히 여긴다. 흥정은 1세기 팔레스타인에서의 생활 양식의 하나여서, 만일 상인이 손님의 흥정에 응하지 않는다면 속임수로 의심받는다. 그래서 흥정이란 거의 의례적인 일이다. 이때 결정된 가격이 공정가격이 된다. 그래도 전통적인 지중해 연안 사회에서 내놓은 공정가격은 사는 사람의 사회적 지위에 걸맞는 가격을 산정한 것이다. 반면 현대 세계에서는 공정가격은 판매되는 상품의 시장가격과 동일한 가격이다.

적당한 사회적 가격을 도출해 내기 위해서 값을 깎느라고 옥신각신하거나 흥정하는 것은 성경에도 볼 수 있다. 물론 가장 유명한 실례는 아브라함이 소돔과 고모라의 운명을 두고 하나님과 흥정하는 것이다.

> "여호와께서 또 가라사대 소돔과 고모라에 대한 부르짖음이 크고 그 죄악이 심히 중하니 내가 이제 내려가서 그 모든 행한 것이 과연 내게 들린 부르짖음과 같은지 그렇지 않은지 내가 보고 알려 하노라 그 사람들이 거기서 떠나 소돔으로 향하여 가고 아브라함은 여호와 앞에 그대로 섰더니 가까이 나아가 가로되 주께서 의인을 악인과 함께 멸하시려나이까 그 성 중에 의인 오십이 있을지라도 주께서 그 곳을 멸하시고 그 오십 의인을 위하여 용서치 아니하시리이까 주께서 이같이 하사 의인을 악인과 함께 죽이심은 불가하오며 의인과 악인을 균등히 하심도 불가하니이다 세상을 심판하시는 이가 공의를 행하실 것이 아니니이까 여호와께서 가라사대 내가 만일 소돔 성 중에서 의인 오십을 찾으면 그들을 위하여 온 지경을 용서하

리라 아브라함이 말씀하여 가로되 티끌과 같은 나라도 감히 주께 고하나이다 오십 의인 중에 오인이 부족할 것이면 그 오인 부족함을 인하여 온 성을 멸하시리이까 가라사대 내가 거기서 사십오 인을 찾으면 멸하지 아니하리라 아브라함이 또 고하여 가로되 거기서 사십 인을 찾으시면 어찌 하시려나이까 가라사대 사십 인을 인하여 멸하지 아니하리라 아브라함이 가로되 내 주여 노하지 마옵시고 말씀하게 하옵소서 거기서 삼십 인을 찾으시면 어찌 하시려나이까 가라사대 내가 거기서 삼십 인을 찾으면 멸하지 아니하리라 아브라함이 또 가로되 내가 감히 내 주께 고하나이다 거기서 이십 인을 찾으시면 어찌 하시려나이까 가라사대 내가 이십 인을 인하여 멸하지 아니하리라 아브라함이 또 가로되 주는 노하지 마옵소서 내가 이번만 더 말씀하리이다 거기서 십 인을 찾으시면 어찌 하시려나이까 가라사대 내가 십 인을 인하여도 멸하지 아니하리라 여호와께서 아브라함과 말씀을 마치시고 즉시 가시니 아브라함도 자기 곳으로 돌아갔더라."(창 18:20-33)

물론 옥신각신 값을 깎는 흥정에 대한 실제 사회적 상황은 거래이다. 욥은 노예로 전락한 사람(노예에 대한 흥정이 아니라 악어에 대한 것임: 역자 주)을 두고서 흥정을 벌이고 있는 상인들에 대해서 "어찌 어부의 떼가 그것으로 상품을 삼아 상고들 가운데 나눌 수 있겠느냐"(욥 41:6)라고 하였다. 그리고 잠언에서도 좋은 상품을 헐값에 사기 위해서 가치를 떨어뜨리는 구입자의 흥정에 대해서, "사는 자가 물건이 좋지 못하다 좋지 못하다 하다가 돌아간 후에는 자랑하느니라"(잠 20:14)고 하였다.

집회서에서도 "어떤 이는 싼 값으로 많은 물건을 살 줄 알지만 사실은 일곱배나 비싼 값을 치르고 있다"(집회서 20:12)고 하였다.

하지만 이 법칙은 어디든지 "구매자는 조심하시오!"라는 것이다. 또 다시 집회서는 "상인은 악행하는 것을 거의 피할 수 없다. 소매 장사는 결백하다는 판결을 얻을 수 없을 것이다"(집회서

26:29)라고 경고한다.

거짓 추와 저울로 속이는 일이 일반적이었던 때도 있었다(참고, 암 8:5-6; 호 12:7). 그러므로 집회서는 상인과 거래하여 이익을 얻는 일을 부끄러워 할 필요가 없다고 충고한다(집회서 42:5).

그러나 예수님은 상인들에게 정직하라고 하시고 상품의 가치를 부풀리는 맹세를 하지 말도록 말씀하신다. 예수님이 인용하셨던 맹세문이 사실 상인들이나 무역상들이 써먹었던 것들이다.

> 또 옛 사람에게 말한 바 헛 맹세를 하지 말고 네 맹세한 것을 주께 지키라 하였다는 것을 너희가 들었으나 나는 너희에게 이르노니 도무지 맹세하지 말지니 하늘로도 말라 이는 하나님의 보좌임이요 땅으로도 말라 이는 하나님의 발등상임이요 예루살렘으로도 말라 이는 큰 임금의 성임이요 네 머리로도 말라 이는 네가 한 터럭도 희고 검게 할 수 없음이라 오직 너희 말은 옳다 옳다 아니라 아니라 하라 이에서 지나는 것은 악으로 좇아 나느니라(마 5:33-37).

요컨대, 집회서에 나타나있는 대로 충고를 구하지 않는 사람에 대한 경고를 생각해 보라. 그리고 인생의 모든 흥정에서 상대방을 누구로 정하라고 하는지에 주목하라.

> 여자에 대해서는 너의 아내와 상의하지 말고
> 전쟁에 대해서는 비겁한 자와 상의하지 말며
> 거래에 대해서는 상인과 상의하지 말고,
> 팔값에 대해서는 사는 사람과 상의하지 말며
> 사례에 대해서는 인색한 사람과 상의하지 말고
> 친절에 대해서는 피눈물도 없는 냉혹한 인간과 상의하지 말며
> 일에 대해서는 게으른 사람과 상의하지 말고
> 사업의 완공에 대해서는 일용꾼과 상의하지 말며
> 능률의 개선에 대해서는 불성실한 종과 상의하지 말아라.
> 아무튼 이런 사람들에게는

무슨 일이든지 마음놓고 상의하려 하지 말아라.(집회서 37:11).

제3장 내집단

내집단(in-group)과 외집단(out-group)은 지중해 연안 문화의 가장 주요한 특징 중의 하나이다. 그런 특징을 돋보이게 만드는 것은 사람에 대한 도덕적인 평가이다. 혈족과 그 확대판이라 할 수 있는 친구관계, 직장 동료와의 관계, 단골 관계, 그외 유사한 관계에 뿌리를 둔 내집단은 항상 지지를 받고 존경을 받고 충성을 받는다. 다른 모든 사람들은 외집단을 대단하게 여기지 않는다. 외집단이 별종 집단으로 취급당할 수도 있다. 이스라엘과 그외 다른 민족들(이방인들) 혹은 유대인과 다른 민족(이방인)이 갖는 특징은 내집단과 외집단이 갖는 특징과 같은 것이다.

이제 펼쳐질 일련의 시간 여행은 내집단의 질적인 면에 초점을 맞춘 것이다. 내집단과 외집단의 경계선들이 끊임없이 변한다는 것을 아는 것은 중요하다.

혈족은 엄격한 내부 외집단(in-group-out-group)의 특징에 초점을 두긴 하지만 그 경계는 가부장적이라 할 수 있고, 다양한 상황에서 다시 경계선을 놓을 수 있다. 비록 현대인들에게는 그런 만화경같은 경계를 다시 설정하는 것이 혼동될지라도, 왜냐하면 예측이 가능하다. 본 장에 소개되어 있는 시간 여행은 지중해 연안 사람들이 읽을 때 탄력성을 가지고 읽을 필요가 있음을 강조한다.

18
친구의 친구

루이스 루부시는 예루살렘의 다메섹 성문 근처에 있는 호텔에 투숙하여 잠시 산책을 하고 간식을 먹었다. 몇시간 후에 호텔로 돌아와서 안내 데스크에서 몇가지를 물어보고 방으로 왔다. 다음 날 아침식사를 하고 데스크를 잠시 들려 사무실로 갔다. 일을 하던 루부시는 언뜻 생각해 보니 자기가 만난 지중해 연안의 유대인들이 매우 쌀쌀맞다는 생각이 들었다. 사무실에서 일하는 동료 한 사람이 자신은 그 호텔의 지배인인 이삭 벤 듀댜와 아주 친한 친구라고 했다. 게다가 그는 루이스가 벤 듀다에게 이 사실을 말하라고 했다. 루이스는 호텔에 돌아와서 지배인을 만나 그 친구와의 관계에 대해 말했다. 그 후 그 호텔에 묵고 있는 열흘 동안 루이스는 호텔의 모든 직원들로부터 숨막힐듯한 대우를 받고 놀라지 않을 수 없었다.
루이스가 호텔 지배인의 친구와 같이 일하고 있다고 말한 후에 호텔 전 직원들이 대하는 태도가 달라진 이유는 무엇일까?

초대 기독교의 추천서

루이스가 호텔 지배인에게 공통의 친구에 대해 말하자, 지배인 역시 루이스를 친구로 여겼던 것이다. 공통의 친구에 대한 언급은 루이스로 하여금 더 이상 낯선 사람으로 취급받지 않고 도리어 그 지배인의 친구도 되었던 것이다. 지중해 지역의 유대인들은 가능한 언제, 어떻게서든지 친구를 도우려 하기 때문에 루이스는 더 좋은 대우를 받을 수 있었다. 이런 구도는 '친구의 친구의 친구'로 이루어지는 네트워킹에서 일어난다.

그런 상황에서 사람들에게 팁을 준다고 해서 해결될 일이 아니다. 왜냐하면 돈으로 내집단에 있는 인간적인 관계는 어떤 것도 살 수 없기 때문이다. 팁을 준다고 해서 서비스에 실제적인 효과를 낼 수 없다. 요컨대, 상호의 친구에 대해 말을 하게 되면 상대방과 친구가 될 수 있다.

친구의 친구는 초대 교회시절 기독교인들이 여행을 준비할 때에 아주 중요했다. 요한삼서는 바울의 빌레몬서와 함께 일종의 추천서이다. 기독교 교부로서 106년에 순교했던 안디옥의 이그나티우스가 쓴 모든 서신은 그리스도인 친구들의 도움으로 여행을 준비하는 것에 관한 것이다. 바울이 쓴 서신서들 가운데서도 역시 추천의 말씀들을 발견할 수 있다.

> 내가 겐그레아 교회의 일꾼으로 있는 우리 자매 뵈뵈를 너희에게 천거하노니 너희가 주 안에서 성도들의 합당한 예절로 그를 영접하고 무엇이든지 그에게 소용되는 바를 도와줄지니 이는 그가 여러 사람과 나의 보호자가 되었음이니라(롬 16:1-2).

> 디모데가 이르거든 너희는 조심하여 저로 두려움이 없이 너희 가운데 있게 하라 이는 저도 나와 같이 주의 일을 힘쓰는 자

임이니라 그러므로 누구든지 저를 멸시하지 말고 평안히 보내어 내게로 오게 하라 나는 저가 형제들과 함께 오기를 기다리노라(고전 16:10-11).

내가 디모데를 속히 너희에게 보내기를 주 안에서 바람은 너희 사정을 앎으로 안위를 받으려 함이니 이는 뜻을 같이 하여 너희 사정을 진실히 생각할 자가 이밖에 내게 없음이라 저희가 다 자기 일을 구하고 그리스도 예수의 일을 구하지 아니하되 디모데의 연단을 너희가 아나니 자식이 아비에게 함같이 나와 함께 복음을 위하여 수고하였느니라 그러므로 내가 내 일이 어떻게 될 것을 보아서 곧 이 사람을 보내기를 바라고 나도 속히 가기를 주 안에서 확신하노라 그러나 에바브로디도를 너희에게 보내는 것이 필요한 줄로 생각하노니 그는 나의 형제요 함께 수고하고 함께 군사된 자요 너희 사자로 나의 쓸 것을 돕는 자라 그가 너희 무리를 간절히 사모하고 자기 병든 것을 너희가 들은 줄을 알고 심히 근심한지라 저가 병들어 죽게 되었으나 하나님이 저를 긍휼히 여기셨고 저뿐 아니라 또 나를 긍휼히 여기사 내 근심 위에 근심을 면하게 하셨느니라 그러므로 내가 더욱 급히 저를 보낸 것은 너희로 저를 다시 보고 기뻐하게 하며 내 근심도 덜려 함이니, 이러므로 너희가 주 안에서 모든 기쁨으로 저를 영접하고 또 이와 같은 자들을 존귀히 여기라 저가 그리스도의 일을 위하여 죽기에 이르러도 자기 목숨을 돌아보지 아니한 것은 나를 섬기는 너희의 일에 부족함을 채우려 함이니라(빌 2:19-30).

두기고가 내 사정을 다 너희에게 알게 하리니 그는 사랑을 받는 형제요 신실한 일꾼이요 주 안에서 함께 된 종이라. 내가 저를 특별히 너희에게 보낸 것은 너희로 우리 사정을 알게 하고 너희 마음을 위로하게 하려 함이라. 신실하고 사랑을 받는 형제 오네시모를 함께 보내노니 그는 너희에게서 온 사람이라 저희가 여기 일을 다 너희에게 알게 하리라 나와 함께 갇힌

아리스다고와 바나바의 생질 마가와 (이 마가에 대하여 너희가 명을 받았으매 그가 이르거든 영접하라)(골 4:7-10).

19
이웃 사람들

렌니는 갓난 아기 침대에 칠을 해야겠다는 생각이 들어 가이사랴에 있는 철물점을 들러보았다. 무공해 페인트를 구하려 했지만 구할 수 없었다. 그러던 어느날 출근하면서 옆집에 사는 유대인에게 무공해 페인트를 어디서 구할 수 있냐고 물었다. 그 사람이 왜 그러느냐고 물어서 대답해 주었다.

그날 오후 일을 마치고 돌아오는데 그 사람이 차도에 앉아 자기 아기 침대를 붙들고 일하고 있는 것을 보았다. 칠하기 전에 사포질을 하고 일을 거의 마무리하고 있는 중이었다. 렌니는 그 일을 자기가 하겠다고 했으나 거절당했다. 후일에 렌니는 그 이웃에게 감사하다고 말한 후 페인트 값이라도 지불하려 하자 그 이웃은 돈을 받기를 거절했다. 렌니는 이 모든 상황이 이해가 되질 않았다.

왜 그 이웃은 아기 침대에 도색을 해주고 페인트 값도 받기를 거절했을까?

이웃이란 무엇인가?

렌니와 그 이웃은 친구 관계였다. 그 이웃은 단지 참된 친구로서 행동하고 있었을 따름이요, 계산할 필요를 느끼지 못했던 것이다. 그 이웃은 렌니를 자기 내집단의 한 일원으로 생각했던 것이다. 그 결과 그는 렌니를 가능한 모든 방법을 동원해서 돕는 것이 자기 의무라고 생각했다. 친구 관계에 있는 이웃 사람들은 내집단의 일원들이다(Windows # 18 참고). 내집단을 지향하는 사회 생활에 대한 강조는 공간에 대한 지중해 사람들의 태도와 거주지 구획을 보면 생생하게 알 수 있다. 『중동: 인류학적인 접근』(*The Middle East: An Anthropological Approach*)이라는 책을 쓴 데일 아이클라만(Dale F. Eicklaman)은 아무리 작은 마을도 삼사십 가구로 구성되어 있다고 했다.

> 다양한 개인들의 유대 관계와 공통 관심사들은 여러 친족 구성, 공통 출신, 민족, 단골 관계, 동맹 참여, 근친 관계에 기초를 두고 주장되어진다…단지 특별한 삶의 질을 유지하고 있다는 평가를 받은 가정들이 몰려 있는 곳만이 거주지로 알려져 있다…한 거주지를 점유하고 있는 가정들은 자기들이 어느 정도의 도덕적 단일성을 유지하고 있음으로써 어떤 면에서는 그들의 거주지에서의 사회적 공간이 그들 자신의 가정의 확대로 간주할 수 있었다. 다음 같은 접근이 많은 방식을 통하여 상징화될 수 있다. 축제일에 서로 교환 방문, 가족들의 출산, 할례식, 결혼식, 장례식, 그외 등과 관련된 활동에 대한 협력과 참여…한 거주지의 거민들을 연결짓는 다양한 사적인 유대 관계 때문에, 시장에 투자해 본 적이 전혀 없는 존경받는 여성들도 그들의 거주지 내에서 조심스럽게 판매할 수 있다. 이는 모든 거민들 서로가 가깝다고 생각하기 때문이다(107).

요점은, 마을 한 곳에 몰려있는 집들이 한 이웃을 형성하거나 도시나 마을 거주지를 형성하지는 않는다는 것이다. 거주 공간은 원칙적으로 물리적인 이정표에 의해서 나누어지는 것이 아니라, 사회 질서에 대한 공유개념에 의해서 나누어진다. 공간 질서에 대한 이해와 평가는 사람들이 처해 있는 상황과 서로가 연관되어 있는 방식과 사회 위계질서의 이해에서 나온다.

이처럼 예수님이 가버나움의 어느 집에 머무신 것은 내집단 관계들의 연계 조직이 어디서 만들어졌는지를 알려 준다. 예수님께서 자기가 하시는 운동에 참가하라고 부르신 첫번째 사람들이 그곳에서 나왔다. 그리고 그들이 그렇게 빨리 반응을 나타낸 것은 그곳에 내집단 연계조직이 있었다는 것을 가르켜 준다(막 1장과 유사 본문을 참고하라).

S. LAZARVS

20
친근하든지, 까다롭든지?

로이스 바아는 1세기 예루살렘에 있는 현대인 학교의 교사였다. 그런데 그녀가 생각하기에 단지 평범히 알고 지내는 사람들로 생각했던 지중해 연안의 유대인들이 그녀에게 던지는 질문을 받고 놀랐다. 그녀가 아파트를 나갈 때나 돌아올 때마다 어디 갔었는지 물어보았다. 또 그녀가 말을 하고 있지 않으면 몇 살이며, 한달 수입은 얼마나 되며, 입고 있는 옷은 어디서 샀느냐는 등 꼬치꼬치 캐물었다. 그래서는 그녀는 그 지중해 지역의 유대인들이 너무 예의가 없다고 생각했다. 왜 지중해 연안의 유대인들은 로이스에게 그런 '사적인' 질문을 할까?

누가 이웃인가?

1세기 팔레스타인에서는 평범하게 알고 지내는 사람들도 친구들처럼 행동하고 대한다. 그렇지만 로이스는 그것을 몰랐던 것이다. 같은 마을 이웃에 살고 있는 사람들이 서로를 내집단의 일원들로 간주하는 것과 내집단 구성원들이나 자유롭게 할 수 있는 질문을 하는 것이 마땅치 않은 것이다. 더욱이 그런 질문들은 사람과 사람 사이의 관계를 반영하는 것이며, 심지어 그냥 알고 지내는 사람들도 현대에서 보다 1세기 팔레스타인에서 사회적 심리학적 경계선을 낮추는데 더 크게 말려드는 경향이 있다. 그 결과, 그냥 이웃으로 알고 지내는 사람들은 현대인들에게 너무 사적인 것으로 여겨지는 일에 대해서도 질문하기를 꺼리지 않는다.

아마 그들은 이미 로이스의 연대 조직망을 알고 있었을 것이다. 어떤 정보가 개인적인 것인지 아닌지의 문제는 그런 정보를 취급할 수 있는 권한을 가진 사람의 문화적 역할에 달려 있음을 기억하라. 이같은 경우, 지중해 연안의 유대인들은 자신들의 이웃과 잠재 내집단 일원들에 대해서 알 권한이 있다고 생각하기 때문에 그런 질문들이 지나치게 사적인 것이라고 생각하지 않았던 것이다.

이번 시간여행은 아마 복음서에 있는 "이웃 사람"의 의미를 생각해 볼 수 있는 좋은 기회가 될 것이다. 그 말은 같은 동네나 이웃에 사는 다른 사람들과 함께 가까이 살면서 발생하는 책임과 의무를 함께 지닌 사회적 역할에 관한 말이다. 이런 종류의 이웃 사람들은 하나의 혈통 집단의 확대판이다. 이웃 사람은 매일 얼굴과 얼굴로 대하는 사람이다.

이웃 사람과의 좋은 관계를 증진하고 유지시키는 것은 전통적 지혜를 통해서 배운 일반 상식적인 충고였다.

네 친구와 네 아비의 친구를 버리지 말며 네 환난 날에 형제

의 집에 들어가지 말지어다 가까운 이웃이 먼 형제보다 나으니라.(잠 27:10)

만약 지혜로운 사람이라면 자기 이웃의 아내와 간음을 범하지 않을 것이며(잠 6:29), 이웃에게 악한 말을 하지도 말고 깍아내리는 말도 하지도 말 것이다(잠 11:9, 12). 그리고 이웃에게 악한 행동을 하지 말 것이다(잠 16:29). 이웃과의 논쟁을 다른 사람들에게 가져 가지도 않을 것이며(잠 25:9), 자기 이웃을 해하는 증거를 하지 않을 것이다(잠 26:19). 자기 이웃 사람에게 아첨을 하지도 않을 것이다(잠 27:14; 29:5). 그러나 이웃 사람 근처로 이사를 가게 되어 개인적 공간을 침입을 하게 되면 그 사람이 당신 가족의 일원이었다고 해도 그와 멀어지게 될 것이다.

너는 이웃집에 자주 다니지 말라 그가 너를 싫어하며 미워할까 두려우니라.(잠 25:17)

집회서에서도 비슷한 충고를 하고 있다. 하지만 곤고할 때에 사람은 친한 이웃에게 짐을 지우기를 잘 한다. 예수님께서도 말씀하셨다.

너희 중에 누가 벗이 있는데 밤중에 그에게 가서 말하기를 벗이여 떡 세 덩이를 내게 빌리라 내 벗이 여행 중에 내게 왔으나 내가 먹일 것이 없노라 하면 저가 안에서 대답하여 이르되 나를 괴롭게 하지 말라 문이 이미 닫혔고 아이들이 나와 함께 침소에 누웠으니 일어나 네게 줄 수가 없노라 하겠느냐 내가 너희에게 말하노니 비록 벗됨을 인하여서는 일어나 주지 아니할지라도 그 간청함을 인하여 일어나 그 소용대로 주리라(눅 11:5-8)

우리는 이웃 사람의 안녕을 빌면서 매일 인사를 건낸다. 이런 점은 다음의 대조법 속에 예시된 전통적인 행동에 암시되어 있다.

> 또 네 이웃을 사랑하고 네 원수를 미워하라 하였다는 것을 너희가 들었으나 나는 너희에게 이르노니 너희 원수를 사랑하며 너희를 핍박하는 자를 위하여 기도하라…너희가 너희를 사랑하는 자를 사랑하면 무슨 상이 있으리요 세리도 이같이 아니하느냐 또 너희가 너희 형제에게만 문안하면 남보다 더하는 것이 무엇이냐 이방인들도 이같이 아니하느냐…(마 5:43-8)

이런 장면은 매일 일어나는 일에 대한 것이다. 그럼에도 불구하고, 1세기 유대인들은 모든 이스라엘이 "이웃"이라고 생각했다. 이웃을 자기 몸과 같이 사랑하는 레위기 19:18("원수를 갚지 말며 동포를 원망하지 말며 이웃 사랑하기를 네 몸과 같이 하라 나는 여호와니라")의 명령은 그 명령들이 실제로 실행되든지 아니든지 이스라엘 모든 족속에게 주어진 것이다. 선한 사마리아인의 비유가 결론으로 보여주는 것은, "이웃"이란 행동하는 사람이요, 다른 사람을 긍휼히 여기는 사람이라는 것이다.

> 람이 예루살렘에서 여리고로 내려가다가 강도를 만나매 강도들이 그 옷을 벗기고 때려 거반 죽은 것을 버리고 갔더라 마침 한 제사장이 그 길로 내려가다가 그를 보고 피하여 지나가고 또 이와 같이 한 레위인도 그 곳에 이르러 그를 보고 피하여 지나가되 어떤 사마리아인은 여행하는 중 거기에 이르러 그를 보고 불쌍히 여겨, 가까이 가서 기름과 포도주를 그 상처에 붓고 싸매고 자기 짐승에 태워 주막으로 데리고 가서 돌보아 주고 이튿날에 데나리온 둘을 내어 주막 주인에게 주며 가로되 이 사람을 돌보아 주라 부비가 더 들면 내가 돌아올 때에 갚으리라 하였으니 네 의견에는 이 세 사람 중에 누가 강도 만난 자의 이웃이 되겠느냐.(눅 10:29-36)

21
미지의 친구들

서로 오랜 친구들인 현대인 한 사람과 지중해 연안의 유대인 한 사람이 한 가지 프로젝트로 함께 작업을 하고 있었다. 어느날 어떤 사람이 그 유대인에게 와서 그의 아내가 계단에서 넘어져서 근처 병원에 있다고 전해 주었다. 현대인은 자기 친구에게 병원에 같이 가자고 했고, 그들은 아내의 물건 몇 가지를 챙겨 병원으로 갔다.
병원에 도착하니 면회는 아침에만 가능하기 때문에 들어갈 수 없다고 했다. 수위와 약간의 실랑이를 하다가 유대인 친구는 포기하고 수위에게 짐이라도 자기 아내에게 전해달라고 부탁했다. 아내의 이름과 성을 들은 수위는 고향이 어디냐고 물었다. 그의 출신지를 말하자 수위는 웃으면서 같은 고향 사람이라고 반가워 하면서 들어가라고 했다. 현대인 친구는 수위의 행동 변화에 당황했다.
수위의 행동을 어떻게 설명하겠는가?

집단에 대한 애착심으로서의 사랑

병원 수위와 지중해 연안의 유대인 남편은 같은 지역 출신이라는 것을 알게 되는 그 순간 같은 내집단에 속하게 되었다. 내집단 멤버들은 서로 참작하고 허용해 주고 심지어는 개인적인 큰 희생을 무릅쓰고 위험을 감수해 주는 것이 예사이다. 그 남편을 들어가게 해준 것은 지중해 지역의 유대인 수위의 입장에서는 대단히 위험한 것이어서 심한 징계를 받을 수도 있었다. 그렇지만 그 수위는 그 남편이 출신지를 밝히기까지는 내집단의 일원이었다는 것을 모르고 있었다.

그리스도인들이 서로 사랑하고/혹은 섬기라고 하는 초기 기독교 문서에 포함되어 있는 권면 전체가 말해 주는 바는, 다양한 사회적 계층에 속한 사람들로 하여금 그들 모두가 이제는 내집단의 멤버들이라는 것을 깨닫도록 도와주기 위한 지도력의 분야에 대한 시도를 가리키는 것이다. 서로 사랑하라는 것은 한 집단에 실제적으로 소속되기를 유지하라는 것이며, 내집단 멤버인양 행동하는 것이다. 그렇게도 자주 권면하는 이유는, 오래된 내집단의 유대관계가 강력한 집단 지향적인 사회에서 명맥을 유지하지 못하고 아주 천천히 죽어버리기 때문이다. 그러므로 이제 우리 그리스도인들은 오랫 동안 내집단 안에서 했던 것처럼 서로에게 자원해서 은혜를 베풀어야 할 것이다. 요한복음의 새 계명이 잘 알려져 유명하다.

> 새 계명을 너희에게 주노니 서로 사랑하라 내가 너희를 사랑한 것같이 너희도 서로 사랑하라 너희가 서로 사랑하면 이로써 모든 사람이 너희가 내 제자인 줄 알리라(요 13:34, 35).
> (새 계명은 요 15:12, 17과 요일 3:11, 23; 4:7, 11, 12; 요이 5장에 잘 나타나 있다).

이런 전통은 바울의 가르침 만큼이나 오래되었는데, 그것이 초기에는 다수의 외집단으로부터 존경을 얻는 것에 대한 관심을 가지고 있는 내집단에게 주어진 말씀이 되었다.

> 또 주께서 우리가 너희를 사랑함과 같이 너희도 피차간과 모든 사람에 대한 사랑이 더욱 많아 넘치게 하사(살전 3:12).

> 형제 사랑에 관하여는 너희에게 쓸 것이 없음은 너희가 친히 하나님의 가르치심을 받아 서로 사랑함이라(살전 4:9).

일반적으로 오직 내집단 안에서만 일어나는 일은 다른 초기 기독교 공동체들에서 발견된 문서에서도 볼 수 있을 뿐 아니라, 바로 여기서도 볼 수 있다.

> 형제를 사랑하여 서로 우애하고 존경하기를 서로 먼저 하며.(롬 12:10)

> 피차 사랑의 빚 외에는 아무에게든지 아무 빚도 지지 말라 남을 사랑하는 자는 율법을 다 이루었느니라.(롬 13:8)

> 마지막으로 말하노니 형제들아 기뻐하라 온전케 되며 위로를 받으며 마음을 같이 하며 평안할지어다 또 사랑과 평강의 하나님이 너희와 함께 계시리라 거룩하게 입맞춤으로 서로 문안하라.(고후 13:11)

> 형제들아 너희가 자유를 위하여 부르심을 입었으나 그러나 그 자유로 육체의 기회를 삼지 말고 오직 사랑으로 서로 종 노릇하라.(갈 5:13)

> 모든 겸손과 온유로 하고 오래 참음으로 사랑 가운데서 서로 용납하고.(엡 4:2)

형제들아 우리가 너희를 위하여 항상 하나님께 감사할지니 이것이 당연함은 너희 믿음이 더욱 자라고 너희가 다 각기 서로 사랑함이 풍성함이며.(살후 1:3)

서로 돌아보아 사랑과 선행을 격려하며.(히 10:24)

너희가 진리를 순종함으로 너희 영혼을 깨끗하게 하여 거짓이 없이 형제를 사랑하기에 이르렀으니 마음으로 뜨겁게 피차 사랑하라.(벧전 1:22)

무엇보다도 열심으로 서로 사랑할지니 사랑은 허다한 죄를 덮느니라.(벧전 4:8)

너희는 사랑의 입맞춤으로 피차 문안하라 그리스도 안에 있는 너희 모든 이에게 평강이 있을지어다.(벧전 5:14)

22
집 주인과 세입자

타우트 부부는 예루살렘에서 살 집을 구하고 있었다. 그들은 광고를 보고 몇몇 집을 둘러 보기로 했다. 첫번째 집에 들렸는데 매우 따뜻한 환대를 받았다. 그 집은 별로 마음에 들지 않았지만, 그 집을 떠나기 전에 시원한 음료수를 마시지 않으면 안될 정도로 권함을 받았다. 그 부부는 집 주인들이 너무 좋고 친절한 사람이라고 생각했지만, 다음 집으로 가야 했다. 그들이 다음 집에 갔을 때도 집 주인은 떠나기 전에 음료수를 안에 들어와서 음료수를 대접하는 것이었다. 그러다 보니 그날 계획했던 집을 다 둘러볼 수 없었다. 결국 사람들과 만나는 것으로 인해 목적을 달성하지 못하고 시간만 허비했다는 생각에 짜증이 났다.

타우트 부부가 가는 곳마다 왜 그렇게 융숭한 대접을 받았을까?

집 주인과 세입자와의 관계

집 주인과 세입자의 관계는 장기적이기 때문에 지중해 지역의 유대인들은 그 관계가 우정을 나눌 수 있는 기회가 되기를 바란다. 그들은 그 관계가 내집단 멤버들 간에 이루어지는 관계처럼 되기를 원한다. 물론 타우트 부부는 외국인이고, 지중해 지역의 유대인들은 처음 개인적인 접촉을 시작할 때 외국인들에게 대체적으로 호의적이다.

현대인들이 친구들이나 방문객들을 대접하는 것과 고대 사회에서 베풀었던 후대와는 차이가 있다는 것을 유의하는 것이 중요하다. 환대는 가족이나 친구를 대접하는 것이 아니었다. 환대는 낯선 사람을 자신이 돌보고 영접하거나 자신의 친밀한 내집단으로 영접하는 것을 의미했으며, 그리고 자신의 명예를 걸고 낯선 사람을 보호해 주는 것을 의미했다. 머물고 간 후에 그 낯선 사람은 원수가 되거나 친구가 되었다. 주인과 함께 있는 동안 나그네는 말하자면 그 주인의 마음 속에 깊이 간직되어 있었다. 그 손님의 필요한 것을 보살펴 주는 일이 그 주인에게 맡겨진 일이다. 심지어는 주인이 목숨을 다해서 그 손님의 명예까지도 지켜야 한다. 더욱이 고대 사회에서는 요즘과 같은 호텔이나 모텔 같은 숙박시설이 없었다. 여행자들을 위한 장소는 모두 도덕적으로 문제가 있는 곳이었다. 여관에 있는 편의시설은 사람들을 위해서라기 보다는 나귀나 낙타를 위한 것이었다. 그러므로 환대할 필요가 있는 대상은 나그네들이었다.

그 문화에서 나그네와 주인이 지켜야 할 절대적인 규칙이 서게 되었다. 그런 규칙을 지금 자세히 살피지 않고서도, 초기 그리스도인들이 남긴 환대에 대한 권면이 정착해 있는 그리스도인들에게 주어진 것이며, 여행 중에 있는 동료 그리스도인들을 영접하고 자신의 내집단으로 영접하라고 지시했음을 깨닫는 것이 중요한다.

이 섬에 제일 높은 사람 보블리오라 하는 이가 그 근처에 토지가 있는지라 그가 우리를 영접하여 사흘이나 친절히 유숙하게 하더니.(행 28:7)

성도들의 쓸 것을 공급하며 손 대접하기를 힘쓰라.(롬 12:13)

그러므로 감독은 책망할 것이 없으며 한 아내의 남편이 되며 절제하며 근신하며 아담하며 나그네를 대접하며 가르치기를 잘하며.(딤전 3:2)

선한 행실의 증거가 있어 혹은 자녀를 양육하며 혹은 나그네를 대접하며 혹은 성도들의 발을 씻기며 혹은 환난당한 자들을 구제하며 혹은 모든 선한 일을 좇은 자라야 할 것이요.(딤전 5:10)

오직 나그네를 대접하며 선을 좋아하며 근신하며 의로우며 거룩하며 절제하며.(딛 1:8)

손님 대접하기를 잊지 말라 이로써 부지중에 천사들을 대접한 이들이 있었느니라.(히 13:2)

서로 대접하기를 원망 없이 하고.(벧전 4:9)

23

사장이냐 보호자냐?

팻 제이콥스은 자기 회사의 지사를 설립하기 위해 1세기 팔레스타인으로 오기 전에 지중해 지역의 유대인 문화에 대해서 많은 자료를 읽었다. 도착하여 두 주쯤 지난 후 많은 일꾼들을 고용하고 지중해 연안의 유대인 직원들을 위해서 파티를 열었다. 공장에서는 직원들에게 자기를 "제이콥스 사장"이라고 불러달라면서 자신이 사장이라는 것을 주지시켰다. 그리고 파티할 때 사장은 직원들에게 보다 딱딱하게 대하면서도 되도록 많은 직원들과 대화를 나누었다. 그 후 직원들의 복지향상에 최선을 다했다.

3개월이 지난 후 첫 정산한 결과, 사업이 대단히 잘 되어 가고 있다는 것을 알게 되었다. 팻의 많은 현대인 친구들은 예루살렘에서 불과 3개월만에 일이 잘 되고 있다는 이야기를 듣고 놀랐다.

펫의 사업이 불과 3개월만에 잘 될 수 있었던 이유는 무엇일까?

신적이며 인간적인 선물과 사랑에 관하여

팻은 그 지방 출신처럼 직원 대우를 해주었다. 그래서 지중해 연안의 유대인들이 행복해 했고 그를 위해서 열심히 일을 해주었다. 고용주와 피고용인의 관계는 현대에서보다 1세기 팔레스타인에서 훨씬 더 인간적이었다. 직원들을 위한 파티를 열어 주고 그들 한 사람 한 사람에게 관심을 보임으로써 팻은 지중해 지역의 유대인들이 사장에 대해 기대하는 바를 만족시켜 주었던 것이다. 그리하여 직원들은 그 사장을 자신들의 내집단의 일원으로 생각하고 그를 위해서 열심히 일했던 것이다. 그러면서도 팻은 친근하면서 직원들과 거리를 두었다. 그렇게 함으로써 사장은 그들로부터 존경받고 관심을 보이면서도, 자신의 지위를 지킬 수 있었다.

좋은 사장은 보호자(patron)와 같다. 직원에게 사장은 대리인 혹은 대부(substitute father)과 같은 존재이다. 또 직원과 그 가족에게 관심을 가지고 직원이 필요로 하는 것에 은혜를 베풀어준다. 그렇게 하면 고용주는 직원들로부터 충성과 존경을 얻게 된다. 아버지와 장남 사이와 같은 관계가 은혜를 베푼 직원들과도 성립되게 된다. 그러나 직원들이 꼭 은혜를 받아야 할 필요가 있는 것은 아니다.

직원들의 목적은 월급을 제때에 받는 것이다. 신명기 24:14-15과 레위기 19:13에는 이에 대한 전통적인 법률이 있으며, 전승에도 표현되어 있다.

> 너를 위하여 일해 준 사람이 누구든지간에 그의 품삯을 당장에 치러주고 다음날까지 미루지 말아라. 내가 하나님을 섬기면 하나님께서 너에게 갚아 주실 것이다.(토비트 4:14)

> 이웃 사람의 생활을 침해는 것은 그를 살인하는 것이며, 직원

으로부터 품삯을 빼앗는 것은 피를 흘리는 것이다.(집회서 34:22)

이러한 매일의 품삯은 은혜가 아니라 빚이다. 품삯은 혜택이 아니라, 정의에서 연유된 것이다.

일하는 자에게는 그 삯을 은혜로 여기지 아니하고 빚으로 여기거니와.(롬 4:4)

그 집에 유하며 주는 것을 먹고 마시라 일꾼이 그 삯을 얻는 것이 마땅하니라 이 집에서 저 집으로 옮기지 말라.(눅 10:7).

성경에 일렀으되 곡식을 밟아 떠는 소의 입에 망을 씌우지 말라 하였고 또 일꾼이 그 삯을 받는 것이 마땅하다 하였느니라.(딤전 5:18)

그럼에도 불구하고 품삯에 은혜가 덧붙혀질 수 있다.

그 때에 내 아내 안나는 여자들의 손으로 할 수 있는 일에 품을 팔았다. 내 아내는 자기가 일하여 만든 물건을 주인들에게 갖다 두고 삯을 받곤 하였다. 디스트로스월 즉 삼월 칠일 내 아내는 자기가 짠 베를 끊어 가지고 그 주인에게 갖다 주었다. 그랬더니 주인은 삯을 다 지불할 뿐 아니라 자기 염소 중에 새끼 염소 한 마리를 주면서 잡아 먹으라고 하였다. 내 아내가 집으로 돌아올 때 그 새끼 염소가 울기 시작하였다. 그래서 나는 아내를 불러 이렇게 말하였다. '이 새끼 염소는 어디서 난 거요? 혹 훔친 것은 아니요? 어서 그놈을 주인에게 돌려 주시오. 우리에게는 남의 것을 훔쳐 먹을 권리가 조금도 없소.' 그러나 내 아내는 '이것은 품삯에다 덤으로 얹어 받은 것입니다' 라고 대답하였다.(토비트 2:11-14)

이와 똑같이 은혜로 덤이나 선물을 주는 것에 대한 이야기가 마태복음 20:1-16의 하나님의 은혜를 묘사하는 고용에 대한 유명한 비유에 나타나 있다.

> 천국은 마치 품꾼을 얻어 포도원에 들여 보내려고 이른 아침에 나간 집주인과 같으니 저가 하루 한 데나리온씩 품꾼들과 약속하여 포도원에 들여 보내고, 또 제 삼 시에 나가 보니 장터에 놀고 섰는 사람들이 또 있는지라 저희에게 이르되 너희도 포도원에 들어가라 내가 너희에게 상당하게 주리라 하니 저희가 가고 제 육 시와 제 구 시에 또 나가 그와 같이 하고, 제 십일 시에도 나가 보니 섰는 사람들이 또 있는지라. 가로되 너희는 어찌하여 종일토록 놀고 여기 섰느뇨 가로되 우리를 품꾼으로 쓰는 이가 없음이니이다 가로되 너희도 포도원에 들어가라 하니라 저물매 포도원 주인이 청지기에게 이르되 품꾼들을 불러 나중 온 자로부터 시작하여 먼저 온 자까지 삯을 주라 하니 제 십일 시에 온 자들이 와서 한 데나리온씩을 받거늘 먼저 온 자들이 와서 더 받을 줄 알았더니 저희도 한 데나리온씩 받은지라 받은 후 집주인을 원망하여 가로되 나중 온 이 사람들은 한 시간만 일하였거늘 저희를 종일 수고와 더위를 견딘 우리와 같게 하였나이다 주인이 그 중의 한 사람에게 대답하여 가로되 친구여 내가 네게 잘못한 것이 없노라 네가 나와 한 데나리온의 약속을 하지 아니하였느냐 네 것이나 가지고 가라 나중 온 이 사람에게 너와 같이 주는 것이 내 뜻이니라 내 것을 가지고 내 뜻대로 할 것이 아니냐 내가 선하므로 네가 악하게 보느냐 이와 같이 나중 된 자로서 먼저 되고 먼저된 자로서 나중되리라.(마 20:1-16)

전통적으로 문제가 되는 것은 주인들이 일꾼의 삯을 횡령하는 일이었다. 주인들은 품삯을 연체하거나 전혀 지불하지 않았다. 예레미야 22:13-16, 말라기 3:5, 그리고 신약의 다음 성구를 보라.

> 보라 너희 밭에 추수한 품꾼에게 주지 아니한 삯이 소리지르며 추수한 자의 우는 소리가 만군의 주의 귀에 들렸느니라.(약 5:4)

반면, 품삯을 위해서 일하면 그것은 사회적으로 바람직하지 못한 행동이었다. 삯꾼들은 아주 낮은 신분의 사람들이었다. 다음 문구를 생각해 보라.

> 세상에 있는 인생에게 전쟁이 있지 아니하냐 그날이 품꾼의 날과 같지 아니하냐 종은 저물기를 심히 기다리고 품꾼은 그 삯을 바라나니 이와 같이 내가 여러달째 곤고를 받으니 수고로운 밤이 내게 작정되었구나.(욥 7:1-3)

> 일년간 고용된 사람과는 자기 일을 끝마무리하는 것에 관하여 문의하지 말라.(집회서 37:11)

> 삯꾼은 목자도 아니요 양도 제 양이 아니라 이리가 오는 것을 보면 양을 버리고 달아나나니 이리가 양을 늑탈하고 또 헤치느니라 달아나는 것은 저가 삯꾼인 까닭에 양을 돌아보지 아니함이나.(요 10:12, 13)

그럼에도 불구하고 신실한 일꾼들이 있다.
집회서에 이런 구절이 있다.

> 친구를 돈과 바꾸지 말라. 형제를 오빌의 금과도 바꾸지 말라. 지혜롭고 선한 아내를 빼앗기지 말라. 그녀의 매력은 금보다 더 가치있다. 자기 일을 성실히 하는 종을 함부로 대하지 말라. 당신에게 헌신적으로 일하는 일꾼을 함부로 대하지 말라.

당신의 영혼으로 하여금 교양있는 종을 아끼게 하라. 그에게서 자유를 박탈하지 말라.(집회서 7:18-21)

24
같은 지역 출신들

유리는 모다인 마을에서 태어나 줄곧 자랐다. 그의 현대인 친구 엘리어트는 유리의 고향에서 함께 얼마간의 시간을 보내었다. 엘리어트는 그곳에 머물고 있는 동안 그 마을의 여러 집단들 사이에서 보이는 약간 끔찍한 대립들을 보았다. 그러나 엘리어트와 유리가 예루살렘에 있을 때에 유리는 모다인에서 자신의 일터로 찾아온 사람이라면 누구에게나, 심지어 자신의 가족과도 가깝지 않은 다른 마을의 "외집단" 사람들에게도 최선을 다해 잘해 주었다.
유리의 행동을 어떻게 이해해야 할까?

내집단으로서의 이스라엘인과 기독교인

유리가 예루살렘에 있을 때에 일반적으로 접촉했던 사람들은 모다인 출신 사람들이었다. 그래서 그는 그들을 내집단 멤버로 간주하고 그에 맞게 그들을 대우하였다. 당시 내집단의 경계선은 계속해서 변하고 있었다. 모다인에 있을 때에는 어떤 마을 사람들은 유리의 내집단과 함께 하였으나, 다른 사람들은 그렇게 하지 않았다. 하지만 예루살렘에 있을 때에는 과거의 경계선이 적용되지 않았다. 모든 모다인 출신 사람들이 예루살렘에서는 내집단에 속해 있었다.

내집단의 경계선들이 이동하고 있는 것을 1세기 기독교 작품들 가운데서도 찾아 볼 수 있다. 1세기의 이스라엘 족속(the house of Israel)의 지리적 구분은 유대, 베뢰아, 갈릴리로 나뉘었다. 예루살렘 성전에 충성하는 모든 주민들이 일반적으로 가지고 있었던 것은 동족 곧 이스라엘 족속으로 태어났다는 것이다. 그러나 이 집단은 유대인들, 베뢰아인들, 갈릴리인들이라는 세 개의 내집단으로 나뉘어 진다. 예수님은 자신의 제자들처럼 유대인이 아니라 갈릴리인이었다. 갈릴리인 예수님을 죽게 한 사람은 유대인들이었다. 그리고 이렇게 지리적으로 나뉘어진 모든 집단들은 자체적으로 수없이 많은 집단들을 두었으며, 그 집단들로부터 다양하게 변화하는 충성을 받았다. 전설에 따르면, 예수님은 나사렛의 작은 부락에서 가버나움의 보다 훨씬 큰 마을로 옮겨 왔다고 한다(막 2:1, "수일 후에 예수께서 다시 가버나움에 들어가시니 '집에 계신' 소문이 들린지라").

반면, 외부인들에게 있어서는, 그런 모든 내집단들이 하나로 곧 유대인들로 묶어졌다. 바울은 자기를 베냐민 족속에 속하는 이스라엘 사람이라고 했다. 더 큰 로마 세계에 있어서 바울은 다소 출신으로서 유대 예루살렘의 이스라엘의 하나님께 충성하며 유대교의 관습에 따라 살았다. 이민을 나간 유대인들은 대부분 유대로 돌아오지 않다. 그들은 자신들의 출생지에서 거류민이나 시민권자로서 살았지만, 자신들의 민족이 본래 기원한 지리적 위치에 따라서 분류되었다. 그 이유는 1세기 지중해에서는 생물—동물과 인간—을 분류하는 주요 방식이 민족 기원의 지리적 위치(출생지는 아님)에 따라서 분류하는 것이었다. 지리적으로 유사한 기원지를 가진 사람들은 비록 기원지에서 오랫동안 떨어져 있었어도 내집단의 정서를 품고 있었다. 그러므로 기원지는 집단의 일원들에게 독특한 특성을 갖게 했다.

사도행전에서 바울은 여행을 시작하면서, 바울은 예루살렘과 로마 사이에 펴져 있는 지역 회당들 곧, 유대인 공동체의 기본적인 중심지들을 향했다. 회당에서 바울은 내집단 일원들을 만나는데, 그들 역시 자신들의 가족들이 민족적 기원의 위치를 떠난지 수세기가 지나도 유대의 관습을 따르는 사람들이었다. 소위 "도"(Way)라고 하는 이스라엘의 새로운 사상을 처음으로 전파할 수 있게 한 것은 지중해 북동쪽 연안의 내집단의 인정이었다.

> 저희는 버가로부터 지나 비시디아 안디옥에 이르러 안식일에 회당에 들어가 앉으니라. 율법과 선지자의 글을 읽은 후에 회당장들이 사람을 보내어 물어 가로되 형제들아 만일 백성을 권할 말이 있거든 말하라 하니…폐회한 후에 유대인과 유대교에 입교한 경건한 사람들이 많이 바울과 바나바를 좇으니 두 사도가 더불어 말하고 항상 하나님의 은혜 가운데 있으라 권하니라.(행 13:14-15, 43)

> 이에 이고니온에서 두 사도가 함께 유대인의 회당에 들어가 말하니 유대와 헬라의 허다한 무리가 믿더라.(행 14:1)

> 저희가 암비볼리와 아볼로니아로 다녀가 데살로니가에 이르

니 거기 유대인의 회당이 있는지라.(행 17:1)

밤에 형제들이 곧 바울과 실라를 베뢰아로 보내니 저희가 이르러 유대인의 회당에 들어가니라.(행 17:10)

회당에서는 유대인과 경건한 사람들과 또 저자에서는 날마다 만나는 사람들과 변론하니.(행 17:17)

안식일마다 바울이 회당에서 강론하고 유대인과 헬라인을 권면하니라.(행 18:4)

거기서 옮겨 하나님을 공경하는 디도 유스도라 하는 사람의 집에 들어가니 그 집이 회당 옆이라. 또 회당장 그리스도가 온 집으로 더불어 주를 믿으며 수다한 고린도 사람도 듣고 믿어 세례를 받더라.(행 18:7-8)

모든 사람이 회당장 소스데네를 잡아 재판 자리 앞에서 때리되 갈리오가 이 일을 상관치 아니하니라…에베소에 와서 저희를 거기 머물러 두고 자기는 회당에 들어 가서 유대인들과 변론하니.(행 18:17, 19)

그가 회당에서 담대히 말하기를 시작하거늘 브리스길라와 아굴라가 듣고 데려다가 하나님의 도를 더 자세히 풀어 이르더라.(행 18:26)

바울이 회당에 들어가 석달 동안을 담대히 하나님 나라에 대하여 강론하며 권면하되.(행 19:8)

예수님께서는 "나를 따르라"는 초청의 말씀으로 핵심 일원들을 선발하고 자기 당파를 구성했다. 물론 그들은 예수님의 집단에 합류하는 것에 대한 어떤 기대를 가지고 있었다. 세 공관복음서에 나타난 베드로의 질문에 대한 응답을 묵상하라.

베드로가 여짜와 가로되 보소서 우리가 모든 것을 버리고 주를 좇았나이다 예수께서 가라사대 내가 진실로 너희에게 이르노니 나와 및 복음을 위하여 집이나 형제나 자매나 어미나 아비나 자식이나 전토를 버린 자는 금세에 있어 집과 형제와 자매와 모친과 자식과 전토를 백 배나 받되 핍박을 겸하여 받고 내세에 영생을 받지 못할 자가 없느니라.(막 10:28-30)

이에 베드로가 대답하여 가로되 보소서 우리가 모든 것을 버리고 주를 좇았사오니 그런즉 우리가 무엇을 얻으리이까 예수께서 가라사대 내가 진실로 너희에게 이르노니 세상이 새롭게 되어 인자가 자기 영광의 보좌에 앉을 때에 나를 좇는 너희도 열두 보좌에 앉아 이스라엘 열두 지파를 심판하리라 또 내 이름을 위하여 집이나 형제나 자매나 부모나 자식이나 전토를 버린 자마다 여러 배를 받고 또 영생을 상속하리라.(마 19:27-29)

베드로가 여짜오되 보옵소서 우리가 우리의 것을 다 버리고 주를 좇았나이다 이르시되 내가 진실로 너희에게 이르노니 하나님의 나라를 위하여 집이나 아내나 형제나 부모나 자녀를 버린 자는 금세에 있어 여러 배를 받고 내세에 영생을 받지 못할 자가 없느니라 하시니라.(눅 18:28-30)

25
신용이냐 능력이냐

웨스 본드는 지중해 연안 지역에 있는 많은 사업체들의 경영과 작업 공정에 대해 연구 조사하면서 몇가지 재미있는 사실에 흥미를 느꼈다. 모든 업체마다 한 가지 공통된 절차가 있었는데 사장이 자신을 위해 개인적인 호의를 행하며 내부 사정을 잘 아는 한 두명의 신뢰할 수 있는 직원들을 데리고 있다는 것이다. 이런 사람들은 가장 능력있는 사람들도 아니고 권세가 있는 것도 아니다. 계속된 연구로 알아낸 것은 이들이 사장과 친척이거나 같은 고향 출신이라는 사실이었다.
흠, 그렇다면 족벌주의의 일종이로군!
아니, 그렇다면, 모든 지중해 연안의 지역의 회사들에서는 사장들이 직원들 중에 겨우 한 두 사람만 믿을 수 있다는 말인가?

예수님, 내집단, 핵심집단

지중해 연안의 유대인들은 일반적으로 오직 내집단 일원들만을 신용한다. 이런 일은 1세기 팔레스타인에서 매우 일상적인 일이다. 가장 일반적으로는 친척들이 자동적으로 내집단에 속하게 되고, 또 그들이 가장 신뢰할 수 있기 때문에, 종종 사장의 신임을 받는 자리에 있게 된다. 물론, 그들은 누구보다도 먼저 자신의 내집단 일원에 공헌을 할 것이기 때문에 고용주의 친척들은 능력있는 다른 사람들보다 쉽게 높은 자리에 올라 간다.

사도행전에서, 주님의 동생 야고보가 예루살렘의 기독교 공동체에서 중심 인물이 된 것을 주의해 보라. 복음서에서는 예수님의 제자들의 계열에 그의 존재가 없었음을 볼 수 있다. 더욱이 아마 그는 사람들이 "그(예수님)가 미쳤다"(막 3:21)고 하는 말 때문에 예수님을 붙들러 온 사람 중에 있었을 것이다. 그 사건에서 예수님의 가족들이 이렇게 언급된다. "이 사람이 마리아의 아들 목수가 아니냐 야고보와 요셉과 유다와 시몬의 형제가 아니냐 그 누이들이 우리와 함께 있지 아니하냐"(막 6:3). 그리고 바로 이 야고보가 예루살렘 교회의 지도자가 된다.

그리고 베드로, 요한, 야고보 이 세 사람의 제자들이 어떻게 예수님과 함께 내집단을 형성했는지 다음 성구에서 잘 나타난다.

> 베드로와 야고보와 야고보의 형제 요한 외에는 아무도 따라옴을 허치 아니하시고.(막 5:37; 눅 8:51)

> 엿새 후에 예수께서 베드로와 야고보와 요한을 데리시고 따로 높은 산에 올라가셨더니 저희 앞에서 변형되사.(막 9:2; 마 17:1; 눅 9:28)

예수께서 감람산에서 성전을 마주 대하여 앉으셨을 때에 베드로와 야고보와 요한과 안드레가 조용히 묻자오되.(막 13:3)

베드로와 야고보와 요한을 데리고 가실새 심히 놀라시며 슬퍼하사.(막 14:33)

문화 속에 있는 내집단의 결집력 때문에, 다양한 예수님의 집단에서 가장 큰 장애로 예상되는 사람들은 바로 그들 자신의 가족들이었다. 예수님 자신의 가족들과의 갈등을 지적하지 않더라도, 그 외에 다음과 같은 말씀이 있다.

내가 세상에 화평을 주러 온 줄로 생각지 말라 화평이 아니요 검을 주러 왔노라 내가 온 것은 사람이 그 아비와 딸이 어미와 며느리가 시어미와 불화하게 하려 함이라.(마 10:34-36)

내가 세상에 화평을 주려고 온 줄로 아느냐 내가 너희에게 이르노니 아니라 도리어 분쟁케 하려 함이로라 이후부터 한 집에 다섯 사람이 있어 분쟁하되 셋이 둘과 둘이 셋과 하리니 아비가 아들과 아들이 아비와 어미가 딸과 딸이 어미와 시어미가 며느리와 며느리가 시어미와 분쟁하리라.(눅 12:51-53)

26
친구가 될 사람들

에디 맥마흔은 예루살렘 외곽에 자리잡고 살았다. 그곳에서 수년간 살다가 어느날 멋있는 지중해 연안의 유대인 아가씨를 만나 결혼하기로 결심했다. 그래서 그는 결혼 준비를 위한 절차에 착수했다. 중매인을 내세워 신부측의 부모와 결혼식에 대해 의논하게 되었다. 약혼 후 신부의 가족들을 알게 되었는데, 특히 신부 오빠와 친해지게 되었다. 에디는 처남될 사람이 자신에게 하는 행동들을 보고 놀랐다. 한 예를 들면, 부탁하지도 않았는데 두 번이나 자동차를 세차하고 왁스까지 발라주기까지 하는 것이었다.
왜 에디의 처남될 사람이 그런 많은 일을 해주었을까?

예수님과 친구의 친구

에디의 처남될 사람은 에디가 자기 가족의 일원이 될 것이라고 생각한 것이다. 자신의 가족의 일원과 결혼함으로써 에디는 그 가족의 내집단에 소속되는 것이다. 1세기 팔레스타인에서는 가능하다면 언제든지 어떻게 해서든지 내집단 일원들을 돕는 것은 예사로운 일이었다. 물론 자주 도움을 주지는 않지만 그렇다고 보기 드문 일은 아니다.

처남이 매제될 사람을 돕는 사건은 예수님께서 베드로를 따르라고 부르신 후에 그의 장모를 고쳐주신 것과 같은 일이다. 마태와 마가에 의하면 예수님은 그녀를 고쳐 주시려고 먼저 주도권을 잡았다는 것이 중요한 핵심이다.

> 예수께서 베드로의 집에 들어가사 그의 장모가 열병으로 앓아 누운 것을 보시고 그의 손을 잡아 만지시니 열병이 떠나가고 여인이 일어나 수종들더라.(마 8:14, 15)

> 회당에서 나와 곧 야고보와 요한과 함께 시몬과 안드레의 집에 들어가시니 시몬의 장모가 열병으로 누웠는지라 사람들이 곧 그의 일로 예수께 여짜온대 나아가사 그 손을 잡아 일으키시니 열병이 떠나고 여자가 저희에게 수종드니라.(막 1:29-31)

누가는 예수님을 치료자의 전형적인 모습으로 서술했다. 그런 관점에서 보면, 예수님은 자기에게 고쳐달라고 구하지 않으면 고쳐주신 적이 없다. 누가복음에 그렇게 기록되어 있다.

> 예수께서 일어나 회당에서 나가사 시몬의 집에 들어가시니 시몬의 장모가 중한 열병에 붙들린지라 사람이 저를 위하여 예수께 구하니 예수께서 가까이 서서 열병을 꾸짖으신대 병이 떠나고 여자가 곧 일어나 저희에게 수종드니라.(눅 4:38, 39)

27

친구들은 의무감을 느낀다

레스톤은 수년간 1세기 팔레스타인에 살면서 많은 지중해 연안 유대인 가족들과 사귀게 되었다. 어느날 저녁 파티를 하면서 잠깐 몇몇 지중해 연안 유대인 친구들에게 다음 일요일 새 집으로 이사갈 거라는 이야기를 했다. 그런데 그 일요일 아침 많은 유대인 친구들이 이사하는 것을 도우러 온 것을 보고 깜짝 놀랐다.

그렇게 많은 유대인 친구들이 몰려 온 일을 어떻게 설명할 수 있을까?

그리스도인과 내집단

레스톤은 한 내집단을 얻게 되었다. 이 집단의 일원들은 그가 이사하는 것을 도와야 할 의무감을 느꼈던 것이다. 레스톤이 비교적 오랫 동안 1세기 팔레스타인에 거주함으로써 어느 정도 중요한 내집단를 얻을 수 있는 기회를 갖게 되었다. 내집단 일원들은 서로에게 자기 자신들을 마땅히 내어주는 일이 당연한 일이기 때문에 레스톤의 친구들이 이사하는 것을 도와준 것이다.

내집단 일원들(이웃 사람들과 친구들)은 서로 도와야 한다는 의무감을 가지고 있다. 여기서 우리는 Windows # 18에서 "이웃"의 의미에 대해서 언급한 것을 다시 살펴 볼 필요가 있다. 2세기의 작가 루시안(Lician)이 『페레그리우스의 죽음』(*The Passing of Peregrius*, 12-13, Leob V 13-15)이라는 책에서 표현한 그리스도인들 간에 나눈 이웃 사랑을 생각해 보라. 그 이야기의 앞에서 시리아의 페레그리우스는 방랑하는 철학자처럼 행동하는 미덥잖은 성격의 소유자였음을 알 수 있다. 그는 팔레스타인에 있으면서 그리스도인이 되었으나 훗날 그 때문에 투옥되었다. 루시안은 이렇게 썼다.

> 재앙과 같은 사건이 일어난 것 때문에 그가 투옥되었을 때, 그리스도인들은 그를 구하기 위해서 해보지 않은 일이 없을 정도였다. 그리고 그런 노력이 수포로 돌아갔을 때에, 일시적인 방법으로 하지 않고 끈질긴 방법을 다 동원하며 애를 썼던 다른 모든 형태의 시도를 그도 보고 알았다. 그리고 동이 틀 무렵에 나이든 과부들과 고아들이 감옥 가까이에서 그를 기다리고 있었다. 그 다음에는 정성들여 끓인 음식을 들여 보내었다. 그리고 그들은 거룩한 책을 큰 소리로 낭독해 주었다. 그들은 훌륭한 페레그리우스를 "새로운 소크라테스"라고 불렀다. 정말 많은 사람들이 자신들의 비용을 들인 그리스도인들에 의해 아시아에 있는 도시에서 그 영웅을 구하고 변호하고 격려하기

위해서 왔다. 그들은 어떤 공적인 행동을 취할 때면 언제나 믿어지지 않을 정도로 신속히 하였다. 페레그리우스의 경우에도 역시 그러하였다. 그가 감옥에 있을 때에 그들로부터 많은 돈이 보내져 왔다. 그런데 그 돈을 조금도 쓰지 않았다. 불쌍하고 가련한 사람들은 처음에 확신하기를, 그들은 죽음을 두려워 아니하고 감옥에도 기꺼이 가기를 원하므로 죽지 않고 내내 살 것이라고 했다. 더욱이, 그들의 최초 입법자(예수님)께서 그들에게 가르치시기를 그리스의 잡신들을 부정하고 십자가에 못 박히신 선생 그분을 경배하면서 그분의 법 아래서 산다면 서로에게 모두 형제가 된다고 그들에게 말씀하셨다. 그러므로 그들은 분명한 증거가 없이 전통적으로 내려 오는 교리들을 수용하면서, 모든 것들을 깡그리 경멸하고 그것들을 공동의 재산으로 간주했다.

제4장 가족관계

고대의 지중해 연안 사람들의 가족구조는 로마, 헬라, 그리고 이스라엘 등에서 다양하게 형성되었다. 그러나 이 모든 구조의 공통점은 역할에 있어서의 성적 구분이었다. 사람들은 먼저 본질적으로 자신들의 성별과 성별에 따른 역할에 의해 결정되었다. 이 역할은 모든 세상을 성별에 따라 정의함으로 더욱 고정되었는데, 즉 사물들에서는 여성적인 주방도구, 남성적인 농장 도구, 염소는 여성 소유, 양은 남성 소유이고, 그리고 공간에서는 주방과 안방, 남자 출입이 되는 안마당은 여성, 바깥은 남성, 그리고 시간에서는 여성은 늦게 오고 일찍 떠나며 밤에는 나갈 수 없다는 것이다. 자녀들은 어머니의 몫이고, 소년들은 사춘기까지 여성들과 같이 있어야 한다. 아버지들은 자녀들을 기르는데 별로 관여를 하지 않았다. 소년이 성인 남성의 세계에 들어섰을 때, 그의 가장 큰 관심은 "남성다운" 행동을 하는 것이고, 어린 아이 같은 행동은 할 수 없었다. 그리고 어머니와 아들은 가장 가까운 사랑으로 묶여 있었다.

이 성별 중심의 가족제도는 지중해 연안인들의 삶의 구조를 구성하는 데 공헌을 했다. 그렇게 구체화된 소속성은, 모든 지중해 연안의 사회를 구성하는 원리와 그 문화영역 안의 모든 사람에게 하나의 최고 관심이 되었다.

28

자녀가 아닌 남아, 여아

어느 현대인과 부부는 1세기 팔레스타인에서 몇몇 친구들을 방문하면서 여름을 보냈다. 그런데 그 여름에 그 현대인의 부인은 아기를 낳게 되었다. 그래서 그 부인은 자신들이 머무르고 있는 아인 카림이라는 마을에 살고 있는 여자들의 도움을 받게 되었다.

그녀의 남편이 바깥에서 친구들과 자기 부인이 아기를 낳기를 기다리고 있던 중에, 그 친구들은 아이를 낳을 때 그 지방 풍속에 대한 이야기를 해주었다. 시중들어 주는 여인이 아이를 낳았다는 소식을 전하면 소식을 기다리던 남편이나 가족들로부터 선물을 받는다는 것이다. 그리고 그도 어떤 사람이 딸을 낳았을 때 그러한 여인에게 돈을 주었던 것 사실을 기억했다. 그날 늦게 한 여인이 와서 그에게 예쁜 아들의 아빠가 되었다고 소식을 전해 주자, 그는 너무 기뻐서 자기가 지난 번에 보았던 사람이 준 돈보다 훨씬 많은 돈을 그녀에게 주었다. 그런데 그녀는 그 돈을 받고도 만족하지 못하는 듯했다.

그 여인은 왜 그런 반응을 나타냈을까?

성 구별 사회

1세기 팔레스타인에서는 사람들이 아이를 갖거나 낳는 것은 단순한 것이 아니다. 그들은 자녀를 낳을 때 언제나 성구별을 뚜렷이 생각하며, 바로 이것이 아기를 낳았다는 소식에 결정적 요인을 제공한다. 즉 남자아이들이 여자아이들보다 더 중요하다고 취급하는 것이다. 결론적으로., 남자아이의 탄생은 여자아이의 탄생의 경우보다 시중드는 여인들에게 선물을 더 주어야 한다는 말이다. 지중해 연안의 유대인들은 다른 지중해 연안의 사람들처럼 성을 구별하는 말로 세상을 바라본다. 인류는 그 시작과 함께, 만약 배타적이지 않다면 남자와 여자라고 표현하는 말로 세상의 현실들을 넓게 해석하는 기본적인 상징으로서 성구별을 사용했다. 이렇게 성구별로 자기를 평가하는 생각이 친인척 집단, 시간, 공간, 그리고 자연과 같은 기본적인 영역을 통해 스며들었다.

총체적인 체제에서 남자들은 단지 남자라는 이유만으로 더 나은 존재로 여겨졌으며, 그들은 집단의 명예를 반영하고, 밖으로는 가족을 대표하고, 외부인들에게 보여진 가족들의 모든 것에 대해 책임을 지고, 자신들의 여자들에 대한 명예를 지켜야 했다. 여자들은 남자들보다 열등하다고 여겨졌으며, 남자들의 보호와 돌봄을 필요로 하며, 가족의 내부에 있어서 그 영역을 책임지고, 그들의 덕행으로 가족들이 명예를 유지하도록 하는 것이다. 지중해 연안의 유대인 문화와 일반적인 지중해 연안 문화에는 남자아이에 대한 너무도 지나치게 비중을 두었다. 예를 들어, 지중해 연안의 부모들은 종종 남자아이들의 숫자만으로 자녀들의 숫자를 말했다.

신약 성경에서 소년과 소녀의 평가에 관한 기록은 없다. 이 점을 파악하기 위해서, 우리는 여자 아기의 탄생을 알리는 소식이 없음을 주목해야 한다. 하나님은 오직 아이를 낳으리라는 말씀을 하는 장면에서만 여자와 이야기하시는데, 그 초점의 대상인 인물도 본질적으로 남자이며, 하나님 자신이 먼저 남자로서 혹은 남자의 역할을 하는 분으로 언급이 된다.

더욱이 남자와 여자의 역할은, 심지어 그 둘이 같이 묶어서 나올 수도 있는데도 성이 구별되어서 말이 사용된다. 예를 들어, "네 '아버지와 어머니' 를 공경하라"(신 5:16, 한글개역판은 "부모"라고 사용한다: 역자 주)고 하거나 아니면, "너희 중에 누가 아들이 떡을 달라 하면 돌을 주며"(마 7:9, "자녀"라는 말이 아님), 아니면 "너희에게 아버지가 되고 너희는 내게 '아들 딸' 이 되리라"(고후 6:18) (자녀가 아님; 한글개역판에서는 '자녀' 라고 사용함: 역자 주)고 쓴다.

딸과 아들의 비교에 대한 정보를 가장 얻기 쉬운 자료는 아마도 지혜문학이라고 일컬어지는 시편과 잠언의 두 고대 기록들 그리고 예수님 탄생 2세기 전의 이스라엘 문서들에 나타날 것이다.

시편의 기록은 전형적인 지중해 연안 지역 유대인의 아들에 관한 관점을 표현하고 있다.

> 젊은 자의 자식은 장사의 수중의 화살 같으니 이것이 그 전통에 가득한 자는 복되도다 저희가 성문에서 그 원수와 말할 때에 수치를 당치 아니하리로다.(시 127:4)

딸에 관한 유일한 정보가 있는 시편은 왕실 혼인예식의 축송인데(시 45편) 왕의 신부에게 딸들이 유익을 얻을 수 있는 충고를 들려주고 있다.

> 딸이여 듣고 생각하고 귀를 기울일지어다 네 백성과 아비 집을 잊어버릴지어다.(시 45:10)

그리고 전도서에서는 오직 아들이나 형제들만 자녀의 숫자로 계산될 수 있다는 판에 박은 이야기를 하면서 일반적인 지중해 연안인의 관점을 삽입하고 있다.

어떤 사람은 아들도 없고 형제도 없으니 아무도 없이 홀로 있으나 수고하기를 마지 아니하며 부를 눈에 족하게 여기지 아니하면서도 이르기를 내가 누구를 위하여 수고하고 내 심령으로 낙을 누리지 못하게 하는고 하나니 이것도 헛되어 무익한 노고로다.(전 4:8)

그러나 딸에 대하여 (우월한 남자의) 분명한 태도를 표현한 기록은 외경 벤 시라의 지혜서(집회서)에 나타난다. 일반적인 원리는 집회서 42:9-11에 있다.

딸은 아비에게 남모르는 근심거리여서 딸 걱정에 잠 못이루는 경우가 많다. 딸의 혼기를 놓치지는 않을까, 시집을 가면 소박을 맞지는 않을까 하고 걱정한다. 처녀시절에는 혹시 유혹에 빠질까 걱정, 시집가기 전에 아기를 가질까 걱정, 시집간 후에는 부정을 저지르지는 않을까 걱정, 또 시집가서도 아이를 못 낳지는 않을까 근심한다. 네 딸이 고집이 세거든 철저한 주의가 필요하다. 그렇지 않으면 (딸 때문에) 원수들의 웃음거리나 동네의 화제거리가 되어 마침내는 대중 앞에서 망신을 당하게 된다.

그 원리는 아래와 같이 다양하게 나타난다.

네게 가축이 있거든 잘 보살펴 주고 특히 노역에 도움이 되거든 더욱 잘 간수하여라. 네게 아들이 있거든 길을 잘 들여라. 네게 딸이 있거든 순결한 마음을 쓰도록 기르되 언제나 엄격하게 다스려라. 딸을 시집보내고 나면 큰 짐을 덜게 된다. 그러나 지혜로운 남자를 골라 짝지어 주어라.(집회서 7:22-25)

버릇없는 아들을 가진 부모는 수치를 사고 되지 못한 딸을 가지면 가산이 준다. 총명한 딸은 남편에게 은덕을 입지만 말썽꾸러기 딸은 부친의 두통거리다. 건방진 딸은 아비와 남편에게 수치가 되며 그들에게서 버림을 받는다.(집회서 22:3-6)

네 딸이 불손하지 않도록 주의하여라. 자유롭게 풀어주기만 하면 제멋대로 하지 않는다고 장담하지 못하리라. 음탕한 여자의 시선에 유혹되지 않도록 조심하여라. 그 여자가 네게 도리어 어긋나는 행동을 했다고 하여 놀랄 일은 아니니다. 혀가 마를 정도로 목마른 나그네가 아무 물이나 닥치는 대로 들이키듯이 그런 여자는 아무데서나 가슴을 열어 젖히고 아무에게나 제 몸을 내맡긴다.(집회서 26:10-12)

그러나 아버지들은 아들과 마찬가지로 딸에게도 떨어질 수 없다.

아비나 어미를 나보다 더 사랑하는 자는 내게 합당치 아니하고 아들이나 딸을 나보다 더 사랑하는 자도 내게 합당치 아니하고.(마 10:37)

딸들은 출가 전에는 어머니와 함께 있으면서 어머니를 돕고, 출가해서는 시어머니를 봉양한다. 마태복음과 누가복음에 나타난 Q 문서라고 불리우는 다음 기록에 나타난 사람들을 주목하라.

내가 온 것은 사람이 그 아비와, 딸이 어미와, 며느리가 시어미와 불화하게 하려 함이니.(마 10:35)

아비가 아들과, 아들이 아비와, 어미가 딸과, 딸이 어미와, 시어미가 며느리와, 며느리가 시어미와 분쟁하리라 하시니

라.(눅 12:53)

이것으로 보아 결혼한 남자(남편)와 그의 아내만이 그러한 구분을 쓰지 않는 것으로 보인다.

29
남성과 여성의 임무

퍼드 맨젤슨은 예루살렘에 거주하는 동안 만난 유대인 아가씨와 결혼을 했다. 신혼생활이 자리를 잡은 후에 그들은 집으로 친구들을 초대했다. 그들은 어느 안식일 해지는 시간 이후의 저녁식사 때에 지중해 연안의 유대인 친구들과 현대인 친구들을 오라고 했다. 손님 모두가 도착해서 담소를 한 후에, 저녁식사를 위해 자리에 앉았다. 퍼드의 아내가 주방에서 나왔을 때 그가 일어나면서, "내가 들어가서 도와줄께"라고 말했다. 그러자 그의 아내는 그를 향해 돌아보고 잔뜩 화가 나서 쏘아 붙였다. "여보, 자리에 앉아요! 당신이 상관할 일이 아니에요." 퍼드의 아내는 그 저녁 시간 내내 쌀쌀한 태도를 보였다. 그는 도저히 이해할 수 없었다.
왜 퍼드의 아내는 그날 저녁 내내 그에게 쌀쌀맞게 대했을까?

성경에 나타난 여성의 역할과 가치

퍼드가 아내의 일을 도와준다는 것은 지중해 연안의 유대인의 입장에서는 여성의 역할을 하는 것이었다. 1세기 팔레스타인에서는 가사일은 모두 아내의 책임이었다. 퍼드는 지중해 연안 유대인 남편으로서가 아닌 현대 서구인의 행동을 하는 실수를 했던 것이다. 더구나 이 일이 그의 아내의 친구들 앞에서 일어났기 때문에 그녀는 부끄럽고 무안하게 되었던 것이다. 지중해 연안의 유대인에게 있어서 남녀의 역할 구분은 중요한 가치가 있는 것이다.

가사를 담당하는 여성의 역할에 관한 전형적인 묘사는 다음 잠언의 말씀에서 보여진다.

> 누가 현숙한 여인을 찾아 얻겠느냐 그 값은 진주보다 더 하니라 그런 자의 남편의 마음은 그를 믿나니 산업이 핍절치 아니하겠으며 그런 자는 살아 있는 동안에 그 남편에게 선을 행하고 악을 행치 아니하느니라 그는 양털과 삼을 구하여 부지런히 손으로 일하며 상고의 배와 같아서 먼데서 양식을 가져오며 밤이 새기 전에 일어나서 그 집 사람에게 식물을 나눠주며 여종에게 일을 정하여 맡기며 밭을 간품하여 사며 그 손으로 번 것을 가지고 포도원을 심으며 힘으로 허리를 묶으며 그 팔을 강하게 하며 자기의 무역하는 것이 이로운 줄을 깨닫고 밤에 등불을 끄지 아니하고 손으로 솜뭉치를 들고 손가락으로 가락을 잡으며 그는 간곤한 자에게 손을 펴며 궁핍한 자를 위하여 손을 내밀며 그 집 사람들은 다 홍색 옷을 입었으므로 눈이 와도 그는 집 사람을 위하여 두려워하지 아니하며 그는 자기를 위하여 아름다운 방석을 지으며 세마포와 자색 옷을 입으며 그 남편은 그 땅의 장로로 더불어 성문에 앉으며 사람의 아는 바가 되며 그는 베로 옷을 지어 팔며 띠를 만들어 상고에게 맡기며 능력과 존귀로 옷을 삼고 후일을 웃으며 입을 열어 지혜를 베풀며 그 혀로 인애의 법을 말하며 그 집안 일을 보살피고 게을리 얻은 양식을 먹지 아니하나니 그 자식들

은 일어나 사례하며 그 남편은 칭찬하기를 덕행 있는 여자가 많으나 그대는 여러 여자보다 뛰어난다 하느니라 고운 것도 거짓되고 아름다운 것도 헛되나 오직 여호와를 경외하는 여자는 칭찬을 받을 것이라.(잠 31:10-30)

전통적인 지중해 연안 유대인 사회에서의 양처(良妻)의 중요한 자질이 가사를 잘 한다는 데에 있음을 주목해야 한다. 양처들은 대개 아침부터 밤까지 노동을 한다. 어떤 문제가 있을 때, 주부들(그리고 여자들)은 그 일을 해결하기 위해 어떤 일을 하지만, 남편들(그리고 남자들)은 그냥 둘러 앉아서 그 문제를 지켜만 본다.

집회서에서는 부덕한 아내에 대해 많은 언급을 하기도 하면서, 양처에 대해서도 크게 칭찬을 하고 있는데 실제적인 일보다는 인격적인 특징에 대해 묘사를 한다.

아내의 매력은 남편의 마음을 즐겁게 하고 아내의 즐거움은 남편의 뼈에 사무친다. 조용한 아내는 주님께서 주신 선물이며 교양있는 돈으로도 살 수 없다. 정숙한 아내는 넘쳐 흐르는 매력이 있고 절도있는 아내의 고마움은 측정할 수가 없다. 말끔히 정돈된 자리에 앉아 있는 착한 아내의 아름다움은 주님의 동산에 떠오르는 태양과 같다. 여자의 풍만한 몸매와 꽃과 같은 얼굴은 거룩한 촛대 위의 촛불처럼 빛난다. 쭉 뻗어있는 미끈한 각선미는 은대 위에 세운 금기둥과 같다.(집회서 26:13-18)

마지막으로 생각해 볼 것은, 마리아와 마르다의 잘 알려진 이야기에서 마리아의 문제점을 발견할 수 있는데, 마르다가 정당하게 여성의 역할을 하고 있는 반면, 마리아는 남자처럼 행동하고 있다는 것이다.

저희가 길 갈 때에 예수께서 한 촌에 들어가시매 마르다라 이름하는 한 여자가 자기 집으로 영접하더라 그에게 마리아라 하는 동생이 있어 주의 발 아래 앉아 그의 말씀을 듣더니 마르다는 준비하는 일이 많아 마음이 분주한지라 예수께 나아가 가로되 주여 내 동생이 나 혼자 일하게 두는 것을 생각지 아니하시나이까 저를 명하사 나를 도와주라 하소서 주께서 대답하여 가라사대 마르다야 마르다야 네가 많은 일로 염려하고 근심하나 그러나 몇 가지만 하든지 혹 한 가지만이라도 족하니라 마리아는 이 좋은 편을 택하였으니 빼앗기지 아니하리라 하시니라.(눅 10:38-42)

반대로, 예수님 시대에서, 다른 사람에게 우선권을 주고, 다른 사람을 섬기고, 다른 사람의 성공을 기뻐하는 등 그런 사람들로 사회에서 인식된 사람들은 누구인가? 당연히 여성들이다. 예수님은 제자들에게 바로 이런 일을 하라고 명령하심으로 지중해 연안의 가치관을 새롭게 정립시키고자 하신 것이다.

30

부모와 자녀

1세기 가이사랴에서 서구 대사관의 정부 대표인 탐 터너는 지중해 연안의 유대인들이 많이 초대된 그의 첫번째 파티에 참석했다. 이미 서구에서 이런 종류의 파티에 익숙한 탐은 그 나라 인사들과 많은 대화를 나누었다. 그런데 그는 그들과 대화할 때마다 놀랐는데, 주위에 있는 지중해 연안의 유대인들이 너무 자주 자신들의 자녀와 자녀들의 성취에 대한 주제로 대화를 하기 때문이었다.
왜 모든 지중해 연안의 유대인들은 자신들의 자녀들의 성취에 대해 이야기하는 것인가?

아들을 가진 부모

지중해 연안의 유대인들은 자신들이 자녀에게 연결되었다는 상징적인 의미의 이유로 대개 자녀들을 매우 자랑스러워 한다. 자녀들은 부모와 그 조상들의 지위를 상속받고 획득한다. 1세기 팔레스타인에서는 누군가의 행위는 자신의 가족과 친구들(우리가 여기에서 내집단이라고 부른다)의 자질 혹은 품위를 반영한다. 부모들과 자녀들이 자신들의 내집단에서 같은 계층에 있다면, 그 부모는 자신의 자녀들의 성취가 자신들의 품위를 반영한다고 보기 때문에 그에 대한 이야기를 할 것이다. 그러므로 만약 어떤 아이가 어느 분야에서 뛰어나다면, 그 점을 매우 자랑스러워 하는 부모는 그 사실이 자신들과 자신들의 집단이 뛰어나다는 것을 증명하는 것이기 때문에, 다른 사람들에게 그 이야기를 알리려 할 것이다. 이와 같이 친척이나 동네 친구, 아니면 다른 친구의 지위나 성취에 대한 이야기의 경우도 마찬가지이다.

가족과 내집단에 대한 이러한 강조는 사회에서 얻어질 이익을 배경으로 두는 것이다. 사실상 지중해 연안인들은 전체적으로 사회의 공익을 위한 공헌에 대해 거의 관심이 없다. 그렇지만 다른 사람에 대한 그들의 상대적인 사회적 지위는 최고로 중요하다. 그리고 그들의 (부모의 성취를 나타나는) 자녀는 집단의 명예에 있어서 매우 중요하다. 아들이 많은 것이 그 자신의 명예를 위해 아주 중요하기도 하지만, 여기에서는 자녀들의 자질이 문제가 된다.

누가복음의 수태고지에서는 자녀들에게 대물려지는 자질을 강조하고 있는데, 그것은 확실히 부모의 영광에 관련되어 있다. 스가랴에게 주어진 말씀과 앞으로 태어날 아들에 대한 스가랴의 말을 잘 생각해 보자.

천사가 일러 가로되 사가랴여 무서워 말라 너의 간구함이 들린지라 네 아내 엘리사벳이 네게 아들을 낳아 주리니 그 이름을 요한이라 하라 너도 기뻐하고 즐거워할 것이요 많은 사람도 그의 남을 기뻐하리니 이는 저가 주 앞에 큰 자가 되며 포도주나 소주를 마시지 아니하며 모태로부터 성령의 충만함을 입어 이스라엘 자손을 주 곧 저희 하나님께로 많이 돌아오게 하겠음이니라 저가 또 엘리야의 심령과 능력으로 주 앞에 앞서 가서 아비의 마을 자식에게 거스리는 자를 의인의 슬기에 돌아오게 하고 주를 위하여 세운 백성을 예비하리라.(눅 1:13-17)

이 아이여 네가 지극히 높으신 이의 선지자라 일컬음을 받고 주 앞에 앞서 가서 그 길을 예비하여 주의 백성에게 그 죄 사함으로 말미암는 구원을 알게 하리니 이는 우리 하나님의 긍휼을 인함이라 이로써 돋는 해가 위로부터 우리에게 임하여 어두움과 죽음의 그늘에 앉은 자에게 비취고 우리 발을 평강의 길로 인도하시리로다 하니라.(눅 1:76-79)

그리고 마리아에게 주어진 말씀을 보자.

보라 네가 수태하여 아들을 낳으리니 그 이름을 예수라 하라 저가 큰 자가 되고 지극히 높으신 이의 아들이라 일컬을 것이요 주 하나님께서 그 조상 다윗의 위를 저에게 주시리니 영원히 야곱의 집에 왕노릇하실 것이며 그 나라가 무궁하리라.(눅 1:31-33)

마찬가지로, 예수님이 자신의 가족 내집단 일원들의 공적인 평가를 염두에 두고도 자신의 가족의 명예에 대해 정신이 이상한 것처럼 말씀하신 것을 생각해 보라.

예수의 친속들이 듣고 붙들러 나오니 이는 그가 미쳤다 함일

러라.(막 3:21)

때에 예수의 모친과 동생들이 와서 밖에 서서 사람을 보내어 예수를 부르니 무리가 예수를 둘러 앉았다가 여짜오되 보소서 당신의 모친과 동생들과 누이들이 밖에서 찾나이다 대답하시되 누가 내 모친이며 동생들이냐 하시고 둘러 앉은 자들을 둘러 보시며 가라사대 내 모친과 내 동생들을 보라 누구든지 하나님의 뜻대로 하는 자는 내 형제요 자매요 모친이니라.(막 3:31-35)

병이 든 자식이 고침을 받도록 원하는 부모의 주요 동기는 병의 특성과 그들의 명예를 반영하는 방법에 관련이 있다. 자녀들은 노년의 든든한 보장이 될 뿐만 아니라 마찬가지로 그들은 가족의 지위를 반영한다. 귀신들린 자식은 그 가족이 문제가 있음을 말하며, 그 가족의 우두머리인 아버지를 격하하는 것이다.

다음 인용문을 살펴보자. 무엇이 그 아버지를 괴롭히고 있는가?

무리 중에 한 사람이 소리질러 가로되 선생님 청컨대 내 아들을 돌아보아 주옵소서 이는 내 외아들이니이다 귀신이 저를 잡아 졸지에 부르짖게 하고 경련을 일으켜 거품을 흘리게 하며 심히 상하게 하고야 겨우 떠나가나이다 당신의 제자들에게 내어쫓아 주기를 구하였으나 저희가 능히 못하더이다 예수께서 대답하여 가라사대 믿음이 없고 패역한 세대여 내가 얼마나 너희와 함께 있으며 너희를 참으리요 네 아들을 이리로 데리고 오라 하시니 올 때에 귀신이 거꾸러뜨리고 심한 경련을 일으키게 하는지라 예수께서 더러운 귀신을 꾸짖으시고 아이를 낫게 하사 그 아비에게 도로 주시니 사람들이 다 하나님의 위엄을 놀라니라.(눅 9:38-43)

가족 내집단에서 떨어지는 제자의 삶이 요구하는 것은 무엇인가? 다음 구절이 지중해 연안 유대인에게 무엇을 의미하는가?

> 사람들이 너희를 끌어다가 넘겨줄 때에 무슨 말을 할까 미리 염려치 말고 무엇이든지 그 시에 너희에게 주시는 그 말을 하라 말하는 이는 너희가 아니요 성령이시니라 형제가 형제를 아비가 자식을 죽는데 내어주며 자식들이 부모를 대적하여 죽게 하리라 또 너희가 내 이름을 인하여 모든 사람에게 미움을 받을 것이나 나중까지 견디는 자는 구원을 얻으리라.(막 13:11-13)

마지막으로, 예수님이 부활하신 후, 제자들이 마가의 다락방에서 있을 때 예수님의 어머니와 형제들이 어떠했는지 주목하자.

> 들어가 저희 유하는 다락에 올라가니 베드로, 요한, 야고보, 안드레와 빌립, 도마와 바돌로매, 마태와 및 알패오의 아들 야고보, 셀롯인 시몬, 야고보의 아들 유다가 다 거기 있어 여자들과 예수의 모친 마리아와 예수의 아우들로 더불어 마음을 같이 하여 전혀 기도에 힘쓰니라.(행 1:13-14)

결론적으로, 예수님의 가족 내집단의 일원은 예루살렘의 예수님의 제자들 가운데서 후원자(patron) 혹은 중심 인물이 되었다. 바로 그 인물이 주님의 동생 야고보이다(참조, 행 12:17; 15:13; 21:18; 갈 1:19).

31

어머니와 아들

월트 도너는 지중해 연안 유대인 친구들과 현대인 친구들이 모두 참석한 예루살렘의 파티에 갔다. 파티 중에 그는 어느 지중해 연안 유대인 친구가 자기 부인을 대동하지 않고 혼자 참석한 것을 보고, 그 부인이 어디 아프지는 않은지 물었다. 그 친구는, 자기 아내는 잘 있는데 아들의 시험 준비를 위해 집에서 공부를 가르치고 있다고 대답했다. 월트는 13살이나 된 남자아이의 공부를 지도하는데 어머니의 도움이 필요한지 이상했지만, 월트는 더 이상 그 문제에 언급을 하지 않았다.

왜 그 어머니는 집에서 아이의 시험 공부를 시켜야 했는가?

어머니와 아들, 마리아와 예수님

지중해 연안의 유대인 어머니들은 아들에 대해서 과잉보호를 한다. 어머니는 자신의 사회적 지위를 위해 아들을 필요로 한다. 더욱이, 가족의 명예 등급과 부모의 사회적 안정은 모두 그 아들의 성공여하에 달려 있다. 아들들은 그들의 생애 나머지 동안 아버지의 집에 살거나 아니면 그 가까이에 살아가야 한다. 위의 이야기에서 어머니가 자기 아들과 함께 집에 남아 있는 것은 그녀의 보호 방식인 양육의 임무를 보여주는 하나의 실례이다.

심지어 성경시대에는, 어머니들은 아들들이 남성의 세계로 들어갈 때까지 아들들을 책임져야 했다. 예수님의 가족이 예루살렘으로 순례갔을 때, 마리아가 십대 초기의 예수님에게 어디에 있었느냐고 당연하게 질문한 것은 예수님이 아직 성인 남자의 세계에 들어가지 못했음을 보여준다. 장남—"어머니 보기에 유약한 외아들"(잠 4:3)—은 가장 사랑하는 자식이었다. 여자의 영역에 있는 한, 어머니들은 자신들의 전통적인 지혜로 아들들을 가르쳤다(예를 들면, 잠언 31장에서, "르무엘 왕의 말씀한 바 곧 그 어머니가 그를 훈계한 잠언"은 그 어머니가 서원으로 얻은 아들이 기록했다고 한다).

어머니의 임무는, "어미의 근심이 되는 미련한 아들"(잠 10:1), 어미를 업신여기는 미련한 아들"(잠 15:20), "아비를 구박하고 어미를 쫓아내는…부끄러움을 끼치며 능욕을 부르는 자식"(잠 19:26)이 되지 않도록 아들을 지혜롭게 양육하는 것이다. 지혜를 반복하여 가르치는 방법은 고통스러운 훈련이다. "채찍과 꾸지람이 지혜를 주거늘 임의로 하게 버려두면 그 자식은 어미를 욕되게 하느니라"(잠 29:15). 또한 잠언은 반항하는 아들들에 대한 하나님의 징벌을 말한다.

> 자기의 아비나 어미를 저주하는 자는 그 등불이 유암중에 꺼짐을 당하리라.(잠 20:20)

> 아비를 조롱하며 어미 순종하기를 싫어하는 자의 눈은 골짜기의 까마귀에게 쪼이고 독수리 새끼에게 먹히리라.(잠 30:17)

신명기는 고집 센 아들들에게 심각한 형벌을 결정할 수 있는 권리를 부모에게 주고 있다.

> 사람에게 완악하고 패역한 아들이 있어 그 아비의 말이나 그 어미의 말을 순종치 아니하고 부모가 징책하여도 듣지 아니하거든 부모가 그를 잡아가지고 성문에 이르러 그 성읍 장로들에게 나아가서 그 성읍 장로들에게 말하기를 우리의 이 자식은 완악하고 패역하여 우리 말을 순종치 아니하고 방탕하며 술에 잠긴 자라 하거든 그 성읍의 모든 사람들이 그를 돌로 쳐 죽일지니 이같이 네가 너의 중에 악을 제하라 그리하면 온 이스라엘이 듣고 두려워하리라.(신 21:18-21)

궁극적으로 고려하게 되는 것은 아버지의 명예요, 또 그에 따르는 어머니의 명예요, 그리하여 온 가족의 명예가 되는 일이다. 그러므로, "그 부모를 경홀히 여기는 자는 저주를 받을 것이라 할 것이요 모든 백성은 아멘 할찌니라"(신 27:16).

집회서에서는 다시 한번, 사회 지도층에 의해 신봉되는 전통적인 가치들을, 아버지에 대한 집회서의 관점과 사회적으로 어머니를 같이 포함하는 관점 안에서 분명하게 말한다.

> 주님께서는 자식들에게 아비를 공경하도록 하셨고, 자식들은 어미의 판단을 중히 여기도록 하셨다. 아비를 공경하는 것은 자기 죄를 벗는 것이며 어미를 공경하는 것은 재화를 쌓아 올리는 것과 같다. 아비를 공경하는 사람은 자기 자식들에게 행복을 얻고, 그가 기도하는 것을 주님께서 들어 주시리라. 아비

를 공경하는 사람은 장수할 것이며, 주님께 순종하는 사람은 그 어미를 편안하게 한다. 그는 하인이 주인을 섬기듯이 자기 어버이를 섬길 것이다. 말과 행실로 네 아비를 공경하여라. 그러면 그의 축복을 받으리라. 아비의 축복은 그 자녀의 집안을 윤택하게 하고 어미의 원망은 주춧돌을 뒤엎는다. 네 아비의 명예를 더럽히거나 자신의 명예를 얻으려 애쓰지 말아라. 네 아비의 불명예가 어찌 네 명예가 되겠느냐? 자식의 영광은 아비의 명예에 달려 있고 어미의 불명예는 자식의 치욕이다. 너는 네 아비가 연로하셨을 때 잘 보살피고 그가 살아있는 동안 슬프게 하지 말아라. 그가 설혹 노망을 부리더라도 잘 참아 내고 네가 젊고 패기가 있다고 해서 그를 업신여기지 말아라. 아비에 대한 효양은 잊혀지지 않으리니 네 죄는 용서함을 받고 새로운 삶을 영위하게 되리라. 네가 고난을 받을 때에 (주님께서는) 너의 효도를 기억하실 것이고 네 죄는 햇볕에 얼음 녹듯이 스러질 것이다. 아비를 저버리는 자는 하나님을 모독하는 자와 같고 어미를 저버리는 자는 주님의 저주를 불러 일으키는 것이다.(집회서 3:2-16)

아들이 없는 여자는 완전한 인격으로 인정될 기회가 전혀 없다. 그러나 어머니는 자신들의 아들들에게 분명히 결속되어 있어서, 상대방을 서로 내포하는 집단주의의 형태를 갖추게 된다. 이러한 관계는 상대방과 대등한 개인적인 인간관계가 아니다. 그러나 아들에 대한 어머니의 관계는 가장 친밀한 관계요, 현대 서구인이 사랑이라고 부르는 가장 가까운 관계이다. 그래서 집회서는 이렇게 강조한다.

고아들에게는 아버지가 되어 주고 과부들을 남편처럼 보살펴 주어라 그러면 지극히 높으신 분께서 너를 아들처럼 여기실 것이요 너의 어미보다 너를 더욱 사랑하실 것이다.(집회서 4:10)

사람은 자신의 아버지와 어머니를 공경해야 한다. 공경은 말과 실제적인 행위로, 즉 물리적이고 물질적인 봉양으로 부모의 측량할 수 없는 고귀함을 나타내는 것이다. 왜냐하면, 아들은 부모에게 갚을 수 없는 은혜의 빚, 인지상정의 책임의 빚을 지고 있기 때문이다. 이 인지상정의 책임의 빚(debt of interpersonal obligation)을 히브리어로 헤세드(*hesed*)라고 하며, 헬라어로는 엘레이오스(*eleios*)라고 한다. 영어번역판에서는 이 단어를 "loving-kindness"(인애, 인자) 혹은 "mercy"(자비, 은혜)라고 한다. 그렇다면 왜 이것이 빚이 되는가?

> 네 전심으로 아비를 받들고 너를 낳으실 때 겪은 어미의 고통을 잊지 말아라. 네가 세상에 태어난 것은 네 부모의 덕택임을 기억하여라. 부모의 은덕을 네가 어떻게 무엇으로 갚을 수 있겠느냐.(집회서 7:27-28)

S LAZARVS

32
경쟁하는 어머니들

자크 멜리쉬가 가버나움의 노천 카페에서 와인 한 잔을 마시고 있었는데 두 명의 지중해 연안 유대인 여자들이 서로 큰 소리로 말하고 있는 것을 보게 되었다. 그들은 현관 앞에서 서 있었다. 그들의 이야기는 자녀들 이야기로 옮겨졌는데 그 아이들에 대한 자랑이었다. 두 여인은 자신들의 아들들이 가이사랴 빌립보로 갔던 여행에서 돌아와서 집으로 걸어 들어 오고 있었을 때도 이야기에 열중해 있었다. 두 어머니들은 자기 아들들이 어떻게 지냈는지 질문했다. 그리고 그중 한 어머니가 건너편 이웃에게 소리쳤다. "우리 아들은 선지자이신 예수님과 아주 가깝게 지내고 있는데 그집 아들은요?" 상대방 여인은 자신의 아들이 예수님의 제자가 되었다고 말했다.
곧이어 자크는 예수님과 가까이 지내지만 제자가 되지 못한 아들의 어머니가 아들의 저녁밥을 차려주지 않는 것을 보고 깜짝 놀랐다.
이것은 지중해 연안의 유대인 어머니와 아들의 관계에 대해 무엇을 말하고 있는가?

성경에 나타난 어머니들

지중해 연안의 유대인 어머니들은 아들들의 성취에 있어서 강한 자부심을 느꼈다. 거의 모든 문화의 대부분의 어머니들이 자신의 아들들을 자랑스러워하지만 1세기 팔레스타인에서는 유달리 그 자부심이 강했다. 그 자부심이란, 부분적으로는 아들이 어머니에게 소속되어 같이 사는 한, 어머니와 아들 사이의 가까운 결속을 나타내 준다. 바로 그 점에서, 어머니는 아들의 업적에 자신의 모든 것과 인생을 거는 것이다. 왜냐하면 아들의 성공여부로 그 어머니의 업적(merits)을 직접적으로 반영하는 것이기 때문이다. 이 경우에서는 예수님과 가까워진 아들은 예수님의 제자가 된 다른 아들만큼 어머니의 업적을 나타내지 못한 것이다. 그래서 그녀는 이 사건을 통해 (상대적으로) 부끄러움을 당했으며, 그 아들에게 저녁밥을 해주지 않음으로 자신의 화를 발산한 것이다.

아들들에 관한 어머니의 이러한 관계는 다음 성경 이야기에 잘 나타나 있다.

> 그 때에 세베대의 아들의 어미가 그 아들들을 데리고 예수께 와서 절하며 무엇을 구하니 예수께서 가라사대 무엇을 원하느뇨 가로되 이 나의 두 아들을 주의 나라에서 하나는 주의 우편에 하나는 주의 좌편에 앉게 명하소서 예수께서 대답하여 가라사대 너희 구하는 것을 너희가 알지 못하는도다 나의 마시려는 잔을 너희가 마실 수 있느냐 저희가 말하되 할 수 있나이다 가라사대 너희가 과연 내 잔을 마시려니와 내 좌우편에 앉는 것은 나의 줄 것이 아니라 내 아버지께서 누구를 위하여 예비하셨든지 그들이 얻을 것이니라 열 제자가 듣고 그 두 형제에 대하여 분히 여기거늘.(마 20:20-24)

이 본문에서, 세베대 부인은 전형적인 지중해 연안의 유대인 어머니로서 행동하고 있다. 나머지 열명의 제자들은, 비록 그 어머니가 이런 상황에 대해 책임을 져야 하는 입장이지만 어머니에게 화를 내지 않고 그 형제들에게 화를 냈다. 그러나 그녀는 어머니로서 할 일을 제대로 하고 있었다. 그 아들들은, 어머니들이 서로의 우위를 주장하는 것을 묵인하는 것보다 내집단에 충실하기 위하여 항의했어야 했다. 더욱이 십여명의 다른 어머니들은, 세베대 형제들이 예수님과 더 친밀한 사이로 되도록 하는 일에 자극받고, 세베대 부인이 한 것처럼 하려고 자신들의 아들들을 다그치려고 했을 것이다.

이 장면은 1세기 유대인과 지중해 연안인들에 있어서는 평범한 일이다. 너무 평범해서 여기에서 문제삼을 일도 없다. 세베대 부인의 행위는 비난받을 것도 없고 권장될 것도 없는 일이다.

제5장 외집단

이번 장은 지중해 연안 지역 유대인들의 문화권에 있는 외집단의 역할에 관한 것이다. 외집단의 경계선은 누가 그 집단에 속한 사람인지 모든 사람이 알 수 있도록 설정되어 있다. 그리고 외집단이 움직이는 방식 뿐만 아니라, 외집단 일원을 다루기에 적합한 행동을 모든 사람들이 알고 있었다. 옛 유대인(Judeans) 혹은 "유대인(Jews)과 헬라인" 사이, 혹은 "이스라엘과 (그외 다른) 나라들"(이방인) 사이에 설정되어 있는 차이는 내집단과 외집단의 차이를 말해 준다. 그 차이는 사람과 사람들 사이에 일어나는 행동에서 보편적인 원칙이 부족하다는 것을 강조해 준다. 왜냐하면 외집단 일원들은 정말 인간적이거나 내집단 일원들이 받는 존경을 받을 만큼 가치가 있다는 평가를 거의 받지 못하기 때문이다. 만일 어떤 사람이 외집단의 일원으로 인식되면 그때는 정말 다른 인간 세계에 속하는 것으로 인정되어 그에 따른 취급을 받게 된다.

서구식의 윤리가 전세계적으로 보편화되고 모든 사람들에게 적용되는 경향이 있으므로, 현대인들은 지중해 연안 유대인의 상황을 접할 때 아주 당황한다. 가장 놀랄 일은 외집단 일원들에게 보여 주었던 무관심과 철저한 경멸이다.

33
정중한 무관심

행크 존스가 유대에 있을 때에 지중해 연안 유대인이 경영하는 회사의 책임자로 일하고 있었다. 첫날 사무실로 출근하면서 모든 사람들에게 일일이 인사하고 자기 소개를 했다. 그 다음부터 아침에 도착했을 때 아무에게도 말을 건네지 않은채 사무실로 들어가서 업무계획을 세우게 되었다. 곧 그가 알게 된 것은 지중해 연안 유대인들이 자기에게 아주 쌀쌀맞게 대하더라는 것이다. 그들이 반감을 가지고 있는 것은 아니었으나, 단지 얼마간 무관심하였다. 그는 이유를 이해할 수 없었다.
왜 그들은 행크에게 무관심했을까?

왜 '나사렛 예수' 인가?

행크는 지중해 연안 유대인 동료 직원들에게 지속적으로 매일 관심을 나타내지 않았으며 그들의 내집단의 일원이 되고자 하는 노력을 하지 않았던 것이다. 앞에서 본 바와 같이 그들은 내집단 일원들에게만 친근하고 도와주는 경향이 있다는 것이다. 현대인의 관점에서 보면, 이 사람들이 다른 사람들에게 무관심하고 반감을 갖고 있는 것처럼 보인다. 행크는 자신의 지중해 연안 유대인들 동역자들과 함께 사귀려는 노력을 하지 않았다. 즉, 그는 그들의 내집단과 합류하려는 노력을 하지 않았으므로, 지중해 연안 유대인들이 그와 사귀고 싶은 이유를 찾지 못했던 것이다.

누구든지 지중해 연안 지역의 유대인 동역자들, 이웃 사람들, 동료들과 친구가 되고자 하는 노력을 하지 않는다면, 다시 말해서 그들의 내집단과 합류하려는 노력하지 않는다면, 그들은 뜻을 같이 하고 사귀고 싶은 이유를 찾지 못할 것이다. 주도권을 쥐는 것이 외집단 사람에게 달려 있다는 것은 일종의 '장군에 멍군'(tit-for-tat)하는 관계와 같다.

그러므로 만약 어떤 사람이 어떤 종류의 집단을 움직이고자 한다면 신참이 되고자 하는 내집단을 찾아야 하는데 그렇지 않으면 다른 집단 혹은 집단들의 신참이 되어야만 한다. 한 예로 사도 바울의 말씀을 보라.

> 내가 모든 사람에게 자유하였으나 스스로 모든 사람에게 종이 된 것은 더 많은 사람을 얻고자 함이라 유대인들에게는 내가 유대인과 같이 된 것은 유대인들을 얻고자 함이요 율법 아래 있는 자들에게는 내가 율법 아래 있지 아니하나 율법 아래 있는 자 같이 된 것은 율법 아래 있는 자들을 얻고자 함이요 율법 없는 자에게는 내가 하나님께는 율법 없는 자가 아니요 도리어 그리스도의 율법 아래 있는 자나 율법 없는 자와 같이

된 것은 율법 없는 자들을 얻고자 함이라 약한 자들에게는 내가 약한 자와 같이 된 것은 약한 자들을 얻고자 함이요 여러 사람에게 내가 여러 모양이 된 것은 아무쪼록 몇몇 사람들을 구원코자 함이니 내가 복음을 위하여 모든 것을 행함은 복음에 참여하고자 함이라.(고전 9:19-23)

현대인들에게 있어서 그런 행동은 악착같이 사리(私利)만 추구하고 원칙이 없는 것처럼 보일 것이다. 하지만 지중해 연안인에게 있어서는 내·외집단 원리에 따른 것이다.

그렇다면 왜 나사렛 예수님은 가버나움으로 이사를 가셨을까? 예수님께서 가버나움으로 이사를 가신 것은 아마도 나사렛에서 받은 지역적 반감에 있을 것인데, 예수님을 믿었던 원주민들의 호감으로는 나머지 마을 주민들의 반대를 극복하기에 어려웠고, 기타 여러가지 이유가 있을 것이다. 그러나 그 이유는 또한 다음 사실과 관계가 있을 것인데, 예수님이 생각하고 있었던 목표에 비해서 나사렛에 살고 있는 사람들의 수가 충분치 못했다는 것이다. 더 큰 마을로 이사한 것은 그 마을 내집단의 일원이 되고자 했다는 뜻이다. 그럼에도 불구하고, 고대 지중해 연안인들(동물들)은 출생지에 의해서 분류되었다. 사람들은 예수님께서 나사렛 출신이라는 것을 항상 기억하고 있었으며, 그래서 "가버나움 예수"라고 하지 않고 "나사렛 예수"가 되었다.

복음서의 사건들을 보면, 예수님이 속했던 내집단에서의 지위 때문에 예수님이 제자 집단의 형성을 시작하셨을 때 다섯 지방 도시 혹은 내집단과 관련있는 최소한의 지방 도시들에서 곧장 반응을 나타내었다. 공관복음서는 그것에 대하여 언급하지 않으나 요한복음은 베세다 출신의 베드로, 안드레, 빌립에 대해서 말한다(요 1:44; 12:21). 더욱이, 여자들은 대개 결혼하면 출가하므로, 우리가 내릴 수 있는 결론은 베드로의 처가가 가버나움에 살았다는 것이고, 그래서 베드로 장모(과부가 아니라면)의 열병 사건이 있게 되었다는 것이다. 세베대의 아들 요한과 야고보는 "세리" 마태(마 9:9; 막 2:14; 눅 5:27—레위라 부름; 눅 5:29 이 레위는 가버나움에 집을 한 채 소유하고 있었다)와 함께 가버나움 출신이었다. 열두 제자 모두 가버나움 출신이거나 그 마을과 연관있는 것은 아니지만, 그들 모두는 갈릴리인었다. 갈릴리인이라도 유대인과 베뢰아인과 구별된다는 것이다(행 1:11: "갈릴리 사람"; 행 2:5; 요 21:2—"가나 사람 나다나엘").

내집단의 경계선들이 변하는 과정이 예수님의 가족에서 부터, 즉 가족에서 갖고 있었던 내부 서열(행 12:17; 15:13; 갈 1:19에서 보여지듯이 예수님의 동생 야고보가 그 다음이 된 것 같다), 예수님의 고향 나사렛, 이주한 마을 가버나움, 예수님의 제자집단, 근방의 지역, 갈릴리, 예수님이 소속한 민족 집단 이스라엘 족속(마 10:5).

34
외부인들에게는 신경쓰지 않는다

켄은 자기 친구 알렉스에게 편지하기를 예루살렘에 있으면서 겪은 첫 날이 매우 언짢았다고 했다. 그는 시내로 가는 버스를 타려다가 사람들에게 밀려서 두번씩이나 밀려났다고 했다. 그 다음 택시를 막 타려는 순간에 길건너에 있는 어떤 아주머니가 건너와서 차의 반대편 문으로 뒷자리에 먼저 앉는 바람에 새치기 당했다. 켄은 결국 목적지까지 걸어 가기로 결심했다. 그러나 그는 걷는 사람들에게 계속해서 방해를 받고 차도로 밀려나는 위험을 당하였다. 그리고 그날은 마치 "그 날은 마치 누가 더 강자인지 겨루는 시합(game of chicken)을 한 것 같았다"고 끝을 맺었다.
왜 지중해 연안 유대인들은 그렇게 버릇없이 행동하였을까?

외집단 일원인 예수님의 시련

켄은 모든 사람에게 낯선 사람이었다. 결과적으로 그들은 켄에게 예의를 챙겨서 성가시게 하지 않았다. 1세기 팔레스타인에서는 내집단과 외집단 일원들 간에 큰 차이가 있었다. 내집단 일원들은 가장 예의바른 사람들로 비춰졌다. 그러나 그런 예의들이 같은 일원이 아닌 사람에게까지 확대되는 예는 보기 드물었다. 낯선 외부인들은 집단의 일원으로 간주될 수 없다. 다른 사람들에게 관심을 표현할 수 있는, 얼굴을 서로 알아보고 대할 수 있는 집단만이 내집단이라 할 수 있다. 결국 켄은 자기가 마주쳤던 사람들에게는 낯선 사람이었으므로 집단의 일원으로 여겨질 수 없었던 것이다. 더욱이, 그의 옷이나 머리 모양이 외집단 사람으로 취급하게 했으며 또한 그는 그 지방 친구들을 대동하지도 않았기 때문이다.

이렇게 분명히 그어진 선은 우리로 하여금 누가 이웃이며 누가 내집단 사람이냐는 질문으로 돌아가게 만든다. Windows # 18과 19의 본문을 참고하라. 거기서 외집단 사람들에게 일어난 사건에 대한 이야기를 반드시 읽어볼 필요가 있다.

예수님이 예루살렘에서 유대인 지식층들로부터 취급받았던 방식은 내·외집단의 갈등에 의해서 가장 잘 이해될 수 있을 것이다(소위 예수님의 재판과 고난, 막 14, 15장 그리고 병행구절들). 갈릴리 출신의 나사렛 예수님은 최소한 두 가지 이유 때문에 예루살렘에서는 외집단 사람이었다. 예수님은 유대인이 아니라 갈릴리인이었으며, 그리고 예수님은 비지식층 계급에 속할 뿐만 아니라 예루살렘의 지식층도 아니었다. 단순히 현대 사회의 기준에서 볼 때 예수님께서 그렇게 잔혹한 취급을 당했다는 사실은 외집단 사람들이 다양한 지중해 연안인 내집단들에 의해 어떻게 취급당했는지를 지적해 준다.

35
친구와 어떻게 교제하는가?

루터 런드가 예루살렘에 있는 군부대에서 일하는 동안 많은 자기 친구들부터 지중해 연안 유대인들을 주의하라는 충고를 받았다. 그들은 그에게 무엇을 사달라고 부탁할 것이라고 했다. 만약 루터가 거절한다면, 화를 내고 친구 관계를 단절할 것이라는 말을 들었다.

그래서 루터는 그 문제에 대해서 대비를 했다. 지중해 연안 유대인 친구 예후다가 담배 몇 갑을 얻게 해달라고 하자, 루터는 "예후다, 정말 그렇게 해주고 싶다네. 내가 하고자 한다면 자네를 위해 해줄 수 없는 일들이 없다는 사실을 자네도 잘 알거야. 그런데 문제는 상관들이 그렇게 못하게 해. 만약 내가 영내에서 물건을 사서 밖으로 빼돌린다는 사실을 알면 나는 혼날꺼야. 그렇게 되는 것을 자네도 원치 않겠지?" 하고 대답했다. 그후에도 예후다가 여전히 자기 친구라는 것을 루터는 확인할 수 있었다. 루터가 비록 담배를 구해주지 않았지만 예후다와의 우정은 깨어지지 않았다.

그들의 우정이 지속된 방법에 대해서 어떻게 설명하겠는가?

예수님의 외집단 관계

루터는 예후다에게 대한 자신의 책임을 잘 알고 있다고 호소력 있게 확신시켜 주었다. 예후다와의 우정으로 인하여 루터는 예후다의 내집단의 한 일원이 될 수 있었다. 그리하여, 루터는 예후다를 위하여 뭔가 애써서 노력하지 않으면 안되었으며, 루터도 예후다가 자기를 위하여 위험을 감수할 것이라는 기대를 할 수 있었다. 비록 루터는 예후다의 요청(크게 위험할 뻔한 일이었다)을 들어줄 수 없었지만, 자기가 그렇게 할 수 없었던 이유를 지혜롭게 잘 설명해 주었다. 루터의 설명은 자기가 예후다의 내집단에 소속하고 싶었다는 것과 가능하면 자기 임무를 다하고 싶었다는 것을 다시 한번 확신시켜 주는 계기가 되었다.

우정은 친구들이 우정을 맺기 전에 각자 친구들이 속해 있던 여러 내집단들과 접촉하는 것을 허락하는 것이다. 사람의 '친구의 친구의 친구' 등을 접촉하면서 자신의 내집단 안에서의 관계를 확대하는 것이 되며, 온갖 종류의 문제 해결을 쉽게 만들어 준다. 그리고 물론 새로운 친구들도 서로를 위해서 사랑을 베풀기 위해서 애써서 노력해야 할 것이다. 친구는 어떤 어려운 상황 가운데서도 우정의 보답을 항상 기대할 수 있다. 친구가 요청을 들어 줄 수 없으면, 그 이유를 설명해 주어야 하고 상대방에게 상대방의 내집단에 소속하기를 바란다는 것과, 가능한 자기 책임을 다할 것이라고 설명해 주어야 한다. 그럼에도 불구하고, 그렇게 설명함으로써 확신을 주든지, 거절당하게 될 수 있다.

누가는 예수님께서 예상되는 제자들(마태복음에서는 그들이 이미 제자였다, 마 8:21-22)을 초청하시는 장면을 묘사하면서 예수님의 반응을 함께 실었다.

> 또 다른 사람에게 나를 좇으라 하시니 그가 가로되 나로 먼저

가서 내 부친을 장사하게 허락하옵소서 가라사대 죽은 자들로 자기의 죽은 자들을 장사하게 하고 너는 가서 하나님의 나라를 전파하라 하시고 또 다른 사람이 가로되 주여 내가 주를 좇겠나이다마는 나로 먼저 내 가족을 작별케 허락하소서 예수께서 이르시되 손에 쟁기를 잡고 뒤를 돌아보는 자는 하나님의 나라에 합당치 아니하니라 하시니라.(눅 9:59-62)

그러나 연속 진행 과정—'내집단 일원으로의 초청→노력하고자 하는 마음이 없어 거절함→요청하는 내집단 일원이 화를 냄'—은 누가가 기록한 잔치 초청에서 가장 확실하게 나타나 있다(눅 14:15-24; 마 22:1-14은 왕의 초대를 단순히 무시하는 내집단 엘리트 계층의 사람들의 태도를 달리 보여 준다).

잔치할 시간에 그 청하였던 자들에게 종을 보내어 가로되 오소서 모든 것이 준비되었나이다 하매 다 일치하게 사양하여 하나는 가로되 나는 밭을 샀으매 불가불 나가보아야 하겠으니 청컨대 나를 용서하도록 하라 하고 또 하나는 가로되 나는 소 다섯 겨리를 샀으매 시험하러 가니 청컨대 나를 용서하도록 하라 하고 또 하나는 가로되 나는 장가들었으니 그러므로 가지 못하겠노라 하는지라 종이 돌아와 주인에게 그대로 고하니 이에 집주인이 노하여 그 종에게 이르되 빨리 시내의 거리와 골목으로 나가서 가난한 자들과 병신들과 소경들과 저는 자들을 데려오라 하니라.(눅 14:18-21)

36
버릇없는 현대 아이들

다섯 살 짜리 현대세계 아이가 1세기 팔레스타인에 자기 부모와 같이 왔다. 그 아이는 며칠 동안 지중해 연안 유대인 할아버지 할머니와 있기로 했다. 첫날 할머니는 계란을 준비해 와서 아이에게 먹으라고 했다.

배고프지도 않고, 계란를 좋아하지도 않은 아이는 먹지 않겠다고 말했다. 할머니는 계속 먹으라고 권했고 아이는 거절했다. 결국 아이는 "계란을 먹는 일이 그렇게 중요하면 할머니나 드시지 그러세요?" 라고 했다. 할머니는 아이를 엄마에게 돌려보내면서, "은혜를 보답할 줄도 모르고 버릇없는 아이" 라고 했다.

무엇이 잘못되어 그 아이를 자기 엄마한테 돌려 보냈는가?

갚아야 할 하나님의 선물

1세기 팔레스타인에서는 누가, 언제 주는 것인지 생각하지도 않고 대접하는 음식을 거절하면 무례한 행동이 된다. 그러나 그것만으로 이 이야기를 모두 설명할 수는 없다. 이 아이는 할머니의 호의와 관심에 대해 알맞는 감사의 표현을 잘못했다. 계란은 아이에 대한 할머니의 애정의 상징이었는데 그 아이는 거절했다. 그 거절로 인해 할머니는 화가 났던 것이다. 그 아이가 계란을 받기만 했어도 괜찮았을 것이다. 아이가 계란을 받지 않은 일은 정말 지중해 연안 유대인의 관점으로 볼 때 배은망덕한 행동이었다. 그리고 부모들은 그 아이에게 적절한 존경과 응락하는 마음으로 주는 것을 받아야 한다는 것을 가르쳐야 했었다. 또한 다른 경우도 있다.

선물은 관심의 표현이다. 선물을 거절하면 주는 사람을 화나게 하는 일이다. 선물을 간직하고 싶지 않아도 주는 선물을 받아두는 것이 훨씬 낫다. 선물을 받지 않는 것은 지중해 연안 유대인의 관점에서 보면 배은망덕한 행동이다. 반면에 주는 자에 대한 불쾌감을 표시하기 위해서는 선물을 거절할 수도 있다.

> 그들이 금식할지라도 내가 그 부르짖음을 듣지 아니하겠고 번제와 소제를 드릴지라도 내가 그것을 받지 아니할 뿐 아니라 칼과 기근과 염병으로 그들을 멸하리라.(렘 14:12)

> 만군의 여호와가 이르노라 너희가 내 단 위에 헛되이 불사르지 못하게 하기 위하여 너희 중에 성전문을 닫을 자가 있었으면 좋겠도다 내가 너희를 기뻐하지 아니하며 너희 손으로 드리는 것을 받지도 아니하리라 만군의 여호와가 이르노라 해뜨는 곳에서부터 해지는 곳까지의 이방 민족 중에서 내 이름이 크게 될 것이라 각처에서 내 이름을 위하여 분향하며 깨끗한 제물을 드리리니 이는 내 이름이 이방 민족 중에서 크게 될 것임이니라 그러나 너희는 말하기를 여호와의 상은 더러웠고

그 위에 있는 실과 곧 식물은 경멸히 여길 것이라 하여 내 이름을 더럽히는도다 만군의 여호와가 이르노라 너희가 또 말하기를 이 일이 얼마나 번폐스러운고 하며 코웃음하고 토색한 물건과 저는 것 병든 것을 가져왔느니라 너희가 이같이 헌물을 가져오니 내가 그것을 너희 손에서 받겠느냐 여호와의 말이니라.(말 1:10-13)

너희가 예물을 드릴 때에 내 얼굴을 너희에게 돌리지 아니할 것이다. 왜냐하면 나는 너희 절기들과 새 달들과 육체의 할례를 거절하였기 때문이다. 나는 너희에게 내종 선지자들을 보냈다. 그러나 너희는 잡아 죽이고 몸을 쪼개었다. 그들의 피를 너희에게서 도로 찾을 것이다 하나님이 말씀하신다.(제2에스드라서 1:31-32)

그리고 선물이 받아들여지긴 해도 쓸모없이 될 수도 있다.

우리가 하나님과 함께 일하는 자로서 너희를 권하노니 하나님의 은혜를 헛되이 받지 말라.(고후 6:1)

바울 역시 사람이 선물을 받으면 갚아야 한다고 믿었다. 고대 지중해 연안 사회는 모든 농경 사회들과 같이 재산이 한정된 사회였다. 그런 사회에서는 여분이 없다. 있는 것은 모두 토지와 마찬가지로 이미 분배되었다. 그러므로 어느 사람이 어떤 것을 더 많이 소유하고 있다면 그것은 다른 사람에게서 빼앗은 것임에 틀림없다. 그런 사회적 배경에서는 사람들은 무엇이든지 빼앗아서는 안 된다. 만약 선물을 하면 나중에 어떤 시점에 그것을 되돌려 받을 것이라고 기대한다. 그러므로 모든 선물은 어떤 식으로든 되갚아야 하는 것이다. 예를 들면, 바울이 욥기 41:11에서 인용한 "누가 주께 먼저 드려서 갚으심을 받겠느뇨"(롬 11:35)라는 말씀을 볼 때에, 분명한 것은 선물이란 결국 보답을 요구하는 것이다. 그리고 이같은 생각은 전통적인 지중해 연안 사람들의 생각이다. 이런 생각은 하나님의 "거저 주시는" 선물에 대해서 적용된다. 모든 사람들이 선물이란 갚아주어야 할 짐이라는 사실을 알고 있으므로, 하나님의 거저주시는 선물에 대한 모든 언급들은 그리스도인들에게 빚을 갚을 것을 말씀하시는 권면이다("은혜"[grace]로 번역되는 단어는 선물의 한 형태인 그리스도인들을 위한 하나님의 후원[patronage] 혹은 호의[favors]를 말한다).

> 이 직무로 증거를 삼아 너희의 그리스도의 복음을 진실히 믿고 복종하는 것과 저희와 모든 사람을 섬기는 너희의 후한 연보를 인하여 하나님께 영광을 돌리고, 또 저희가 너희를 위하여 간구하며 하나님의 너희에게 주신 지극한 은혜를 인하여 너희를 사모하느니라 말할 수 없는 그의 은사를 인하여 하나님께 감사하노라.(고후 9:13-15)

> 너희가 그 은혜를 인하여 믿음으로 말미암아 구원을 얻었나니 이것이 너희에게서 난 것이 아니요 하나님의 선물이라.(엡 2:8)

> 행위에서 난 것이 아니니 이는 누구든지 자랑치 못하게 함이니라.(엡 2:9)

> 몸이 하나이요 성령이 하나이니 이와 같이 너희가 부르심의 한 소망 안에서 부르심을 입었느니라 주도 하나이요 믿음도 하나이요 세례도 하나이요 하나님도 하나이시니 곧 만유의 아버지시라 만유 위에 계시고 만유를 통일하시고 만유 가운데 계시도다 우리 각 사람에게 그리스도의 선물의 분량대로 은혜를 주셨나니.(엡 4:4-7)

> 각각 은사를 받은 대로 하나님의 각양 은혜를 맡은 선한 청지기같이 서로 봉사하라.(벧전 4:10)

37

가족으로부터의 추방

배리 슈와츠는 지중해 연안 유대인 혈통을 가진 현대인 2세였는데, 3개월 휴가를 받아서 1세기 팔레스타인에 왔다. 그의 먼 친척 중의 한 사람이 자기 여조카를 소개해 주었다. 배리는 그 천척이 자기 여조카와 결혼시키려 한다는 것을 알게 되었지만 배리는 관심이 없었다.

몇 주가 지난 후, 아가씨의 부모가 보낸 사람이 전하기를 그 여자는 부모와 같이 다음 주에 예루살렘에 온다고 했다. 배리는 그들이 예루살렘에 묵을 수 있도록 배려해 주든지, 아니면 그들과 식사를 같이 해야 함을 알았다. 그러나 그는 그 아가씨에게 흥미가 없어서 그들을 대접하지 않기로 했다. 그러나 그 후, 그는 모든 친척들이 피하는 것을 보고 매우 당황했다.

배리의 친척들이 그를 멀리하게 된 이유는 무엇일까?

친구와 원수에 대한 전통적인 성경적 견해

배리의 친척들은 베리가 그 여자 조카와 부모님을 만나고 싶어 할 것으로 기대했다. 이같은 기대는 배리의 내집단 멤버쉽에서 나온 것이다. 예루살렘에서 그들을 방문하려 하지 않았기 때문에 그 친척들을 화나게 했고, 그 이유로 배리를 멀리하게 되었다. 베어리는 당연히 해야 할 노력을 기울이지 않음으로써 실제적으로 자신의 내집단과 멀어지게 되었고, 외집단으로 취급되어 냉대받게 되었다.

귀찮으나 당연히 해야 할 것을 하지 않으려고 함으로써 사람들은 자신들의 내집단으로부터 추방당하고 외집단으로 들어가게 된다. 그리하여 외집단 사람으로 취급당한다. 그러므로 사람들은 자기 친구들을 위해서 최선을 다해야 한다. 왜냐하면 내집단 친구들이 이런 종류의 사회 구조에서 최선의 사회적 보장을 해주기 때문이다. 집회서에 다음과 같은 교훈이 있다.

> 큰 문제든 작은 문제든 실수하지 말라. 친구가 될지언정 원수를 맺지 말라.(집회서 5:15)

> 형제나 친구를 위하여 네 은을 나눠 주어라. 바위 속에 묻어두지 말고 나눠 주어라.(집회서 29:10)

> 성공하고 있을 때에는 친구를 알 수 없다. 역경 가운데 있을 때에는 원수를 알 수 있다. 사람의 원수들은 잘 될 때에 슬퍼한다. 역경 가운데 있을 때에는 친구도 떠나간다. 네 원수를 의지하지 말라. 구리가 녹스는 것같이 원수의 악함도 그러하다. 원수가 자기를 낮추고 알랑거려도, 자기를 살피고 경계하라. 그리하면 너는 원수에게 거울을 닦는 사람과 같이 될 것이다. 그리고 너는 거울이 소망없이 녹슨 것은 아니라는 것을 알게 될 것이다. 네는 원수를 네 곁에 두지 말라. 원수가 너를 뒤

엎지 못하도록 하고 네 자리를 지켜라. 원수를 네 오른 편에 두지 말라. 원수가 네 명예의 자리에 앉지 못하도록 하라. 결국 너는 내 말의 진실를 깨달으리라. 내가 한 말 때문에 괴로워 하지는 말라.(집회서 12:8-12)

사람이 죽으면 그 아들들이 대를 이어 아버지 친구들에게 호의를 베푼다. 효자는 그 아버지가 죽은 후에 다음과 같이 한다.

아버지의 원수는 보복하되 아버지의 친구들에게는 은혜 보답을 하라.(집회서 30:6)

잠언서도 비슷한 말을 하고 있다.

네 친구와 네 아비의 친구를 버리지 말며 네 환난 날에 형제의 집에 들어가지 말지어다 가까운 이웃이 먼 형제보다 나으니라.(잠 27:10)

집회서에서도 다음과 같이 기록되어 있다.

어떤 친구들은 친구의 행복을 함께 기뻐한다. 그러나 환난의 때에는 등을 돌린다. 어떤 친구들은 자신들의 배를 위해서 친구를 돕는다. 싸움이 일어나면 숨는다. 네 마음 속에 둔 친구를 잊지 말라. 네가 부유할 때에 그 친구를 잊지 않도록 하라.(집회서 37:4-6)

집회서가 말한 거의 많은 부분이 문화적 유산의 일부일 따름이다. 욥은 항상 친구들에게 사랑을 베풀 태세가 되어 있었다.

피곤한 자 곧 전능자 경외하는 일을 폐한 자를 그 벗이 불쌍히 여길 것이어늘.(욥 6:14)

잠언서는 그같은 사랑을 베풀어야 할 때는 특히 어려운 때여야 한다는 것을 말씀하고 있다.

> 친구는 사랑이 끊이지 아니하고 형제는 위급한 때까지 위하여 났느니라.(잠 17:17)

38
이상한 현대인들

하비 페이스는 2년 동안 1세기 팔레스타인에 있었다. 그는 소수의 지중해 연안 유대인들과 좋은 친구 관계를 맺었다. 그는 벤자민 벤 레브라는 친구와 특별히 가까이 해서 그들은 많은 일을 함께 했다. 6월 어느날 오후 늦게 하비는 대학 친구 렌니가 예루살렘에 온다는 소식을 들었다.

렌니와 하비는 반가운 재회를 하였다. 렌니는 하비와 관광을 하고 싶었다. 그리고 벤자민도 함께 관광을 하기로 했다.

관광을 하면서 렌니와 하비는 보통 현대인들이 하는 비꼬는 말과 트집 잡는 우스개소리를 주고 받았는데, 저녁 늦게 알게 된 사실은 벤자민은 유쾌한 시간을 갖지 못했다는 것이었다. 렌니가 잠시 자리를 비운 사이에 하비는 벤자민에게 왜 그러는지 물어보았다. 벤자민은 대답하기를 렌니와 하비가 2년간 떨어져 있는 동안 잘 지내지 못한 것 같아 안됐다고 했다.

벤자민은 렌니와 하비가 왜 잘 지내지 못했다고 느꼈을까?

예수님의 공개적인 반박

렌니와 하비 두 사람이 비꼬는 농담을 한 것이 벤자민으로 하여금 불안하게 했고 급기야 우울하게 만들었다. 렌니와 하비 두 사람의 대화는 1세기 팔레스타인의 기준으로 하면 두 사람이 잘 지내지 못하고 있다는 것을 뜻하였다. 지중해 연안 유대인이라면 경쟁자, 도전자, 혹은 외집단 일원들과의 사이에서는 일어남직한 행동이었다. 1세기 팔레스타인에서는 친구들과 그렇게 하지 않는다. 벤자민은 지중해 연안 유대인들의 비슷한 상황에 비추어서 렌니와 하비 두 사람이 서로가 우정있는 모습으로 대한 것으로 보지 않았기에 그렇게 느낀 것이다.

비꼬는 말투는 외집단 사람들이나, 원수들에게 하는 것이었다. 예를 들어, 예수님의 대적들이 예수님을 공격하고 공식석상에서 모욕을 주려고 할 때마다, 예수님도 아주 비꼬는 반응을 나타내고, 대개 모욕적인 질문으로 다시 답변했다. 그 예로, 예수님께서 율법 선생들에게 "…읽어보지 못하였느냐?"고 물으셨던 것을 상기하라. 율법을 읽는 일에 전념했던 사람들에게 그렇게 비꼬는 어투로 말한 것은 대단히 비꼬는 태도였다.

> 죽은 자의 살아난다는 것을 의논할진대 너희가 모세의 책 중 가시나무 떨기에 관한 글에 하나님께서 모세에게 이르시되 나는 아브라함의 하나님이요 이삭의 하나님이요 야곱의 하나님이로라 하신 말씀을 읽어 보지 못하였느냐.(막 12:26; 마 22:31-32 참조)

> 예수께서 가라사대 다윗이 자기와 그 함께 한 자들이 시장할 때에 한 일을 읽지 못하였느냐.(마 12:3; 눅 6:3 참조)

> 또 안식일에 제사장들이 성전 안에서 안식을 범하여도 죄가 없음을 너희가 율법에서 읽지 못하였느냐.(마 12:5)

예수께서 대답하여 가라사대 사람을 지으신 이가 본래 저희를 남자와 여자로 만드시고 말씀하시기를 이러므로 사람이 그 부모를 떠나서 아내에게 합하여 그 둘이 한 몸이 될지니라 하신 것을 읽지 못하였느냐.(마 19:4, 5)

죽은 자의 부활을 의논할찐대 하나님이 너희에게 말씀하신 바 나는 아브라함의 하나님이요 야곱의 하나님이로라 하신 것을 읽어 보지 못하였느냐…(마 22:31, 32)

너희가 성경에 건축자들의 버린 돌이 모퉁이의 머릿돌이 되었나니 이것은 주로 말미암아 된 것이요 우리 눈에 기이하도다 함을 읽어 보지도 못하였느냐 하시니라.(막 12:10, 11)

더욱이 율법(*halakah*, 관습법)에 대한 질문들에 대하여 뻔한 대답이 나왔을 때에 그것은 비꼬기 위한 작전이다.

저희에게 이르시되 안식일에 선을 행하는 것과 악을 행하는 것 생명을 구하는 것과 죽이는 것 어느 것이 옳으냐 하시니 저희가 잠잠하거늘.(막 3:4; 눅 6:9)

예수께서 대답하여 율법사들과 바리새인들에게 일러 가라사대 안식일에 병 고쳐주는 것이 합당하냐 아니하냐.(눅 14:3)

누가도 바울이 유사한 비꼬는 투의 표현을 사용한다고 말한다(그러나 바울의 서신들은 그 자신이 그렇게 할 수 있는 능력을 갖고 있음을 나타내고 있다).

가죽줄로 바울을 매니 바울이 곁에 섰는 백부장더러 이르되 너희가 로마 사람된 자를 죄도 정죄치 아니하고 채찍질할 수 있느냐 하니.(행 22:25)

제6장 우애

지중해 연안 세계에 사는 사람들은 부모에서부터 친구와 손님에까지 같은 내집단 일원들을 위해서라면 위험을 무릎쓰고라도 노력을 하고 싶어 한다. 내집단 일원들은 서로에게 감사에 보답해야 할 빚을 지고 있다고 느낀다. 그리고 최선을 다 하고 싶은 마음으로 다른 사람들을 위하여 상당히 개인적인 노력과 희생을 감수하고자 한다. 구약성경의 영어 번역본들은 이같은 특별한 책임을 『인애(仁愛, loving-kindness, 히브리어 *hesed*)로 번역했다. 신약 성경에서는 "자비"(mercy, 헬라어 *eleos*) 혹은 "사랑"(love, 헬라어 *agape*)으로 번역했다(여기에서는 내집단 사이의 정(情)을 뜻하는 '우애' 라고 번역한다: 역자 주).

이런 뜻을 가장 짧게 해석하면 "서로간의 책임의 빚을 갚고 싶어하는 마음"이라고 할 수 있다(현대 헬라어에서는, 이런 뜻을 실천하는 사람을 *philotimos*라 할 수 있다). 그런 책임감은 내집단 사람들에 대한 것이므로, 분명히 내·외집단의 차이와 깊은 관련이 있다. 다음에 오는 여러 시간 여행을 통하여 그 뜻은 가족들, 친구들, 그리고 손님들에게 적용되는 것이다.

39
사회적 신뢰도가 좋지 못하다면

일부 현대세계의 기업가들이 어느 지중해 연안 유대인 지역 회사와 합작벤처회사를 설립하기로 결정했으며 그 기업은 지중해 연안 유대인 직원과 현대인으로 구성되어 운영되도록 되어 있었다. 첫번째 당면 문제는 인사 선발이었다. 현대인 직원들은 일하면서 업무와 능력을 통해서 자신들의 과거를 뒤로 하고 비교적 성공한 지중해 연안 유대인들의 명단을 가지고 있었다. 현대식으로 평가하면, 그런 사람들은 새로운 사업에 필요한 유능한 관리직원이 될 수 있다. 그러나 그 명단에 기재된 사람들을 기업내부에서 만나보니, 지중해 연안의 유대인들은 그 추천서는 사실과 다르다고 말했다. 그 사람들은 진짜 잘못 선정한 것이고 거의가 배은망덕한 사람들이라는 것이었다. 그 사람들에게 무슨 잘못이 있는지 현대인들은 이해할 수 없었다.
성공한 유대인들에게 무슨 잘못이 있는 것일까?

사랑과 친절은 감사에 보답해야 할 빚이다

그 명단에 오른 사람들은 은혜에 대해 상호 보답하는 데 있어서 태만하였다. 그들은 "우애"(loving-kindness)의 원리를 어겼다. "우애"는 사람이 처한 상황과 상관없이 내집단 일원들에게 충성할 것을 요구한다. 현대인이 가진 명단에 기재된 사람들이 자신들의 성공을 추구하면서 자신들의 내집단들과의 접촉을 실제로는 단절해 버렸다("그들은 자신들의 과거를 뒤로 하고…"). 이런 일은 용서치 못할 배반이다. 부정적인 추천을 받은 이유를 지중해 연안의 유대인들의 편에서 설명할 수 있는 것은 그들이 배반했기 때문이다.

내·외집단의 차이에 대한 실질적인 이해와 정보를 사람들 사이의 관계에 대한 모든 지중해 연안의 설명에서 쉽게 찾아낼 수 있다. 내·외집단의 차이는 기본적인 주제이며 친구와 원수의 차이에서도 그대로 나타난다. 지중해 연안 사회의 현실은 항상 사회적 문제와 함께 잉태되는 반면, 현대세계에서는 상황에 대한 평가가 각 개인에게 초점이 맞춰져 있다. 지중해 연안인들은 내집단이 외집단을 이기는 승리와 가족/친구들/민족 집단이 원수들/외부인들/그 외의 인류를 이기는 승리에 의해서 우주를 규정한다. 지중해 연안인의 사회적 행동은 "상대방"이 자신의 내집단에 소속했느냐, 않았느냐에 따라 완전히 좌우된다. 핵심 가치들은 내·외집단을 통하여 나타나는 방식에 따라서, 그리고 근본적인 차이와 그 가치들이 갖고 있는 연관성에 따라서 공정하고 유익한 것들이 된다. 권위있는 인물, 후원자, 스승들, 고용주, 사업가, 그리고 갈등 관계에 있는 사람들 모두가 내·외집단의 차이에 의해서 이해되고 인식된다.

예를 들어, "우애," "자비" 혹은 "사랑"을 받았을 때는, 그 사람은 내집단 일원들에게 충성해야 한다. 앞의 이야기에서 나타난 바와 같이, 성공한 사람들은 실제적으로 자기 내집단과 관계를 끊어 버렸다는 것을 알 수 있다. 내집단은 대체적으로 더 성공적인 친척과 친구에게 시간과 자원을 끊임없이 요구한다. 그래서 성공한 사람들은 내집단이 그런 요구를 하지 못하도록 자신들의 내집단과 접촉을 단절했다. 그런 전략의 결과로 그들의 명예가 불안전하게 되는 것이다. 성공한 사람들은 늘 충성스럽지 못하다는 평을 받는데, 왜냐하면, 그들이 본래 출신의 내집단에 계속 충성했더라면 그들이 그 내집단의 형편없는 수준을 벗어날 수 없었을 것이고 또 성공할 수 없었을 것이어서, 자신의 내집단 일원들을 희생시켰기 때문일 것이다. 이같은 태도는 마카비하의 "한 사람의 친척을 희생시키면서 얻는 성공은 가장 큰 불행이다"(마카비하 5:6)는 교훈에서도 나타난다. 그러므로 성공한 사람들은 자신들의 본래 내집단 일원들로부터 부정적인 평가를 받을 수밖에 없다.

성공한 "나사렛 출신의" 예수님의 명성은 가버나움에 거처하기 시작하신 이후에 퍼져 갔다. 이것은 성공의 한 실례이다. 공관복음서 전체가 예수님께서 자신의 본래 내집단 곧, 자기 가족과 단절하시는 것에 대해서 취급하고 있다. 마가의 서술이 가장 강력하다. 특히 성공적인 여행을 마친 후, 사람들이 예수님에 대해서 부정적인 말을 하므로 예수님의 가족이 자신들의 내집단 명예가 우려되어 예수님을 만나러 왔다.

> 또 안드레와 빌립과 바돌로매와 마태와 도마와 알패오의 아들 야고보와 및 다대오와 가나안인 시몬이며 또 가룟 유다니 이는 예수를 판 자러라 집에 들어가시니 무리가 다시 모이므로 식사할 겨를도 없는지라 예수의 친속들이 듣고 붙들러 나오니 이는 그가 미쳤다 함일러라 예루살렘에서 내려온 서기관들은 저가 바알세불을 지폈다 하며 또 귀신의 왕을 힘입어 귀신을 쫓아낸다 하니.(막 3:19-22)

예수님과 예루살렘 서기관들 사이에 있었던 논쟁, 곧 외집단과의 중요한 대립적인 논쟁이 있은 후에 있었다고 한다.

> 때에 예수의 모친과 동생들이 와서 밖에 서서 사람을 보내어 예수를 부르니 무리가 예수를 둘러앉았다가 여짜오되 보소서 당신의 모친과 동생들과 누이들이 밖에서 찾나이다 대답하시되 누가 내 모친이며 동생들이냐 하시고 둘러앉은 자들을 둘러보시며 가라사대 내 모친과 내 동생들을 보라 누구든지 하나님의 뜻대로 하는 자는 내 형제요 자매요 모친이니라.(막 3:31-35)

마가와는 달리 마태와 누가는 예수님의 가족이 찾아왔던 이유에 대해서 전혀 언급이 없다. 그러나 둘다 자신의 가족과 거리를 두는 것을 주목하고 있다(마가와 같이 마태와 누가는 예수님이 죽었을 때에 그 가족이 없었던 것을 기록하고 있다).

> 예수께서 무리에게 말씀하실 때에 그 모친과 동생들이 예수께 말하려고 밖에 섰더니 한 사람이 예수께 여짜오되 보소서 당신의 모친과 동생들이 당신께 말하려고 밖에 섰나이다 하니 말하던 사람에게 대답하여 가라사대 누가 내 모친이며 내 동생들이냐 하시고 손을 내밀어 제자들을 가리켜 가라사대 나의 모친과 나의 동생들을 보라 누구든지 하늘에 계신 내 아버지의 뜻대로 하는 자가 내 형제요 자매요 모친이니라 하시더라.(마 12:46-50)

> 예수의 모친과 그 동생들이 왔으나 무리를 인하여 가까이 하지 못하니 혹이 고하되 당신의 모친과 동생들이 당신을 보려고 밖에 섰나이다 예수께서 대답하여 가라사대 내 모친과 내 동생들은 곧 하나님의 말씀을 듣고 행하는 이 사람들이라 하시니라.(눅 8:19-21)

이와 반대로, 성공한 사람을 지키기 위해서, 내집단에 버금가는 집단의 일원들이 항상 본래 내집단의 불명예스러운 부분을 지적할 수 있다. 그처럼 누가가 예수님의 가족을 용서하지만, 부활 후에도 예루살렘에 그들이 특별히 나타난 사실이 없으며(행 1:14), 누가는 예수님께서 본래 나사렛 집단, 곧 예수님의 친인척으로부터 옮기신 것을 설명하는데, 그 동기는 더 넓은 내집단, 곧 나사렛 사람들의 극성스러운 반감 때문이었다.

> 예수께서 그 자라나신 곳 나사렛에 이르사 안식일에 자기 규례대로 회당에 들어가사 성경을 읽으려고 서시매 선지자 이사야의 글을 드리거늘 책을 펴서 이렇게 기록한 데를 찾으시니 곧 저희가 다 그를 증거하고 그 입으로 나오는 바 은혜로운 말을 기이히 여겨 가로되 이 사람이 요셉의 아들이 아니냐 예수께서 저희에게 이르시되 너희가 반드시 의원아 너를 고치라 하는 속담을 인증하여 내게 말하기를 우리의 들은바 가버나움에서 행한 일을 네 고향 여기서도 행하라 하리라 또 가라사대 내가 진실로 너희에게 이르노니 선지자가 고향에서 환영을 받는 자가 없느니라 내가 참으로 너희에게 이르노니 엘리야 시대에 하늘이 세 해 여섯 달을 닫히어 온 땅에 큰 흉년이 들었을 때에 이스라엘에 많은 과부가 있었으되 엘리야가 그 중 한 사람에게도 보내심을 받지 않고 오직 시돈 땅에 있는 사렙다의 한 과부에게 뿐이었으며 또 선지자 엘리사 때에 이스라엘에 많은 문둥이가 있었으되 그 중에 한 사람도 깨끗함을 얻지 못하고 오직 수리아 사람 나아만뿐이니라 회당에 있는 자들이 이것을 듣고 다 분이 가득하여 일어나 동네 밖으로 쫓아내어 그 동네가 건설된 산 낭떠러지까지 끌고 가서 밀쳐 내리치고자 하되 예수께서 저희 가운데로 지나서 가시니라 갈릴리 가버나움 동네에 내려오사 안식일에 가르치시매.(눅 4:16-17; 22-31)

마가는 예수님이 나사렛 출신으로 믿었다고 말한다. 그러나 베들레헴에서 태어난 것에 대해서는 언급하지 않았다. 예수님의 기원이 하나님이었다고 믿은 요한은, 다른 지역적인 출신 배경을 무시하였다(요 1:1-14).

> 이 말씀을 들은 무리 중에서 혹은 이가 참으로 그 선지자라 하며 혹은 그리스도라하며 어떤 이들은 그리스도가 어찌 갈릴리에서 나오겠느냐 성경에 이르기를 그리스도는 다윗의 씨로 또 다윗의 살던 촌 베들레헴에서 나오리라 하지 아니하였느냐 하며 예수를 인하여 무리 중에서 쟁론이 되니 그 중에는 그를 잡고자 하는 자들도 있으나 손을 대는 자가 없었더라.(요 7:40-44)

그 다음에 마태와 누가는 예수님께서 베들레헴 태생임을 믿었다(마 2:1; 눅 2:4). 그렇지만 그들은 예수님을 "베들레헴 예수"라고 부르지 않는다. 그 이유는 아마 베들레헴 태생이라는 것은 예수님께서 "뭘 갖추지 못한" 출신이라는 것을 암시하기 때문이었을 것이다.

그럼에도 불구하고 복음서 전체로 보아서 에수님의 1차 내집단은 나사렛에서 기인했다. 나다나엘이 "나사렛에서 무슨 선한 것이 날 수 있느냐"(요 1:46)고 말했을 때, 요한도 그것이 나사렛에 대한 일상적인 평가라고 알고 있는 상황에서 "요셉의 아들 나사렛 예수"라고 말했다.

#40
의무를 진 불행한 오빠

매트 랜도우는 오랜 기간 동안 지중해 연안 유대인 어느 마을에서 그 지역의 농사짓는 기술을 연구하고 있었다. 그래서 그 마을에 있는 모든 사람을 짧은 시간에 알게 되었으며 저녁에 마을 카페에 온 그 사람들을 만나곤 하였다. 거기에 왔던 지중해 연안 지역 유대인 젊은이 중 한 총각이 있었는데 자기 누이의 결혼 지참금(그녀는 아직 미혼이었다)을 마련해 주기 위해서 열심히 일하고 있다고 모든 사람이 그 청년을 칭찬하였다. 모든 사람이 그가 얼마나 잘하고 있는지 한 마디씩 했지만, 이 젊은 친구는 카페에 올 때마다 자기가 하고 있는 일을 모두에게 상기시키곤 했으며, "모든 다른 사람들은 결혼하는데 나만 결혼하지 못하고 있는 것은 슬픈 일이 아니냐?"는 식으로 말하곤 하였다. 매트는 그런데도 왜 모든 사람이 계속해서 동정을 해야 하는지 이유를 이해할 수 없었다.

왜 그 사람들이 그 청년에게 동정을 보내었는가?

구속자는 받은 은혜에 보답한다

그 청년은 지금까지 특별히 신경쓰지 못한 일(누이의 결혼 지참금 마련)을 해야 한다는 빚을 지고 있다. 그가 누이의 결혼 지참금 마련하는 것은 자신의 가족에게 지고 있는 사람들 사이의 의무("우애")로부터 나온 것이다. 이 청년은 그런 의무에 신경을 쓰지 않았다. 다른 사람들은 그 청년이 그것을 비록 원치 않더라도 이행해야 한다는 것을 알고 있었다. 그러므로 사람들이 동정을 하는 것이다.

내집단의 의무 이행은 그 일을 행하기를 원하든 원치 않던가와 상관없이 행해야 하는 것이다. 의무를 행하는 것은 억지로 하더라도 충성과 집단의 단결력의 문제로 다루어진다. 그 사회의 다른 사람들도 사람들이 가지고 있는 내집단의 의무의 유형을 잘 알고 있다. 사람들이 자기 의무를 이행할 때 칭찬해 줌으로써, 심지어 같이 분노하는 것으로도 그 이행자는 명예를 부여받게 되는데, 때로는 동정과 이해를 함께 부여 받는다.

내집단 의무들의 전체 범주는 사실상 "사람들 사이의 의무의 빚"이다. 그런 내집단 의무들은 사람들이 서로 어떻게 결속되어 있는지, 예를 들면 출생, 결혼, 그리고 목숨을 다른 사람에 의해서 구출받는 일로 이루어지는 내집단의 내재적인 "접촉"에서부터 나온다. 그런 접촉을 함으로써 생겨난 사람들 사이의 의무는 일반화된 호혜주의(reciprocity)의 한 형태이다. 그렇게 일반화된 호혜주의는, 남들과 똑같지 않은, 즉 처음이거나 혹은 너무 높아서 정말로 빚을 돌려 받을 수 없는 사람들 사이에서는, 은혜와 빚을 주고받는 상호작용의 상하 순서가 변동된다. 예를 들면, 생명을 주신 부모, 태를 열어 다른 아이들이 태어나게 한 첫 아이, 함께 사랑으로 자란 형제들, 아이들을 기른 아내, 아내와 아이들을 돌보는 남편, 인간과 관계를 시작하신 하나님이 바로 그런 대상이 된다.

이처럼 아이들은 살아있는 동안 자기 부모님께 인지상정의 의무에 대한 빚을 지고 있는 것이다. 특히 그 빚은 "부모를 공경"하는 것이다. 다시 말해, 육체적으로 돌보고 공경하고 부모님을 칭송하고, 자기 행동을 조심하여 부모님의 명예를 유지하는 것이다. 내집단 친구들과 동네 사람들과 다른 사람의 생명을 구원한 사람들처럼, 형제들(장남에 대한 우선권과 함께)과 배우자(남편에 대한 우선권과 함께) 서로에 대하여 그런 빚을 가지고 있다.

이같은 상황 속에서 구속자(redeemer, 히브리어 *go'el*, Windows # 2 참고)는 자기 가족이 당한 불명예를 씻으려고 노력해야 하는 아들이나 다른 남자 친척이 된다. 구속자의 역할은 이 빚에 따라서 행동한다. 그 빚 역시 사람들로 하여금 노예로 붙잡힌 친척들을 값을 치루고 해방시키고, 가족의 잃은 땅을 재취득하게 하고, 혹은 내집단의 상위에 있는 자, 대개는 후원자, 아니면 왕, 귀족, 지주 기타 등의 명예를 지키게 한다.

"구속주"라는 호칭은 예수님에게서 나온 것으로서 누군가 그의의 성취를 내집단 의무들의 관점에서 생각해 보았다는 것을 지적해 준다. 예수님께서 예루살렘에 올라가 거기서 죽어야 한다는 복음서의 서술은 동일한 관점을 갖고 있는데, 예수님은 자신의 내집단을 위하여 자신의 인지상정의 의무를 갚은 분이시라는 것이다.

#41
좋은 친구

제프 울만은 가버나움에 있는 동안 계속해서 한 레스토랑에만 다녔다. 그리하여 그는 그 레스토랑이 어떻게 운영되는지 잘 알게 되었다. 특별히 그는 자신을 잘 대접해 주는 웨이터 한 사람을 알게 되었다. 이 웨이터는 신속하고 매우 공손하였다.

어느날 저녁 제프는 두 현대인 친구들과 식사하기 위해서 함께 그 식당에 왔다. 식후에 서로 계산을 가겠다고 약간의 실랑이가 벌어졌는데, 이런 일은 현대의 서구인에게는 흔한 것이었다. 그 웨이터는 이 광경을 보면서 계산서를 자기 단골 손님 제프에게 즉시 건네 주었다. 그러자 현대인 중 한 사람이 웃으며 "저런 사람 같은 친구가 있다면야 원수가 생길 수 없지"라고 말했다.

그 웨이터는 왜 계산서를 제프에게 주었을까?

고대 사회의 봉사와 매매

그 웨이터는 실랑이할 때에 곁에 함께 서있으므로 자기가 제프에게 좋은 일을 베풀고 있다고 생각했다. 왜냐하면 제프가 그 레스토랑에서 자주 식사를 해서 한 웨이터를 잘 알게 되었고, 바로 그 웨이터는 제프를 자신의 내집단의 일원으로 여겼다. 유대에서는 자기 내집단 일원이 옳든 아니든 상관없이 그가 논쟁할 때에는 항상 곁에 함께 있는 것이 보통이다. 그래서 제프가 두 사람과 논쟁하는 것을 보는 순간 그 웨이터는 즉각 제프의 옆에 서게 되었으며 또 그에게 계산서를 건네 주었다. 접대를 잘함으로써 얻는 명예의 개념은 유대에서 대단히 중요한 것이다. 누군가 먼저 지불함으로써 항상 명예롭게 된다. 그래서 웨이터는 제프에게 계산서를 건네주어 제프가 명예스럽게 될 수 있도록 줌으로써 은혜에 보답하는 것이라고 생각했다.

고대 지중해 연안에서 사고 파는 행위는 항상 파는 사람의 입장에 유리하도록 이루어졌다. 다른 말로 하면, 항상 판매자 시장(seller' s market, 상품부족으로 판매자가 유리한 시장: 역자 주)이었다. 사는 사람만 주의하면 되었다. 그리고 사는 사람은 불가피하게 판매자의 과실까지 감수해야 했다. 예를 들면 과도 비용, 가짜 상품, 수량 부족 등에 대해서 피해를 감수해야 했다. 상호 작용이 판매자의 입장에 대단히 유리하게 이루어져 있으므로, "상품을 판매하여 얻는 이익"(집회서 42:5)에 대하여 부끄러워 할 필요가 없다고까지 말한다. 사고 파는 것은 값을 흥정하느라고 옥신각신하는 대립적인 일이 되었다. 그래서 집회서는 다음과 같이 경고했다.

> 상인의 악덕을 거의 금할 수 없다. 장사하는 사람은 죄없다 못하리라.(집회서 26:29)

"말뚝은 돌들 사이에 있는 틈바구니 속에 굳게 심기는 것 같이, 죄도 사고 파는 일 사이를 이간시킨다"(집회서 27:2)는 말은 상인에게 필요한 격언이었다. 손해보지 않는 유일한 방법은 파는 사람의 내집단의 일원이 되는 것이었다. 그리고 그런 일은 구매자가 판매자를 자주 만날 때에 일어난다.

구매자가 특별한 판매자를 아주 잘 알게 되었을 때, 그리고 그 상인이 그 단골을 자기 내집단의 일원으로 간주하게 되었을 때, 종종 어떤 조정이 은연중에 일어난다. 그래서 그 구매자는 "우호적인 고객"이 된다.

모든 지중해 연안에서와 마찬가지로 유대에서도, 사람이 내집단 일원들에게 도움을 주는 것이 예사이다. 그리고 그 일원이 옳든 그릇되었든 상관없이 논쟁할 때, 항상 곁에 있어 주는 것이 예사이다. 지금 우리가 물려 받은 모든 고대 기독교 문서들이 내집단 일원들에 의해서 바로 그 내집단을 위해 보존된 것이므로, 그 같은 사실을 염두해 두는 것이 중요하다. 그런 문서들을 보존하고 또 그 문서들을 읽을 때 귀로 들었던 사람들은 항상 그 문서를 이해한 바로 그 입장 옆에 서게 된다. 물론 다른 내집단에 의해서 보존된 다른 문서에 있어서도 마찬가지이다.

제7장 통속적 가치관

1세기 지중해 연안에서 혈족 집단은 소비 단위일 뿐 아니라 생산 단위였다. 그 당시의 사회들은 그 사회의 다양성에도 불구하고 모두 노예로 구성되어 있는 농경 사회였다. 농경 사회는 행정적 정치적 중심지로 쓰임으로 권력자들의 보호 아래서 몇몇 중요 신전을 불가피하게 건축한 중심지요, 산업화 이전 도시에 초점을 두었다. 그런 사회에서 일하는 목적은 출세가 아니었다. 일이란 사람이 물려받은 신분의 범위 안에서 자신과 가족을 부양하는 수단을 의미했다. 일은 다른 사람들이 알게 될 수 있는 실수를 저지르지 않는 데 중점을 두면서 이루어졌다.

자신의 스승처럼 행동할 수 있는 사람이라는 인정을 받으면 직업의 보장은 그 스승에게 달려 있었다. 사람이 한 일에 대한 평가는 항상 개인적이다. 평가받음으로써 그 사람이 어떤 종류의 사람인지를 반영해 준다. 혈족들은 자기 관습을 대물림해 주었다. 종교적 관습도 마찬가지로 물려주었다.

42

실수는 금물!

미국인 카일 멕쿠스커는 2년간 유대에서 살았던 경험을 친구들과 이야기하고 있었다. 그들의 화제는 일에 관한 것으로서, 카일은 자기의 경험으로는 실수하는 유대인들은 보지 못했다고 단정적으로 말했다. 이 말을 들은 모든 사람들은 의아해했다. 그러나 그 말이 농담이라는 것을 눈치채지 못하고, 자세히 설명해 달라고 했다.
카일의 의 말은 어떤 의미였을까?

하지 말아야 할 결심

지중해 연안 유대인들이나 현대인들은 평가는 상사에게 받고, 대가는 조직으로부터 받는다. 유대에서 노동자들은 일하는 동안 특별한 잘못이 없으면 나이에 따라 보수도 올라가고 승진도 자동적으로 하게 된다. 현대인들은 실수를 적게 했으면 적게 한 만큼 보수를 받으며, 업적에 따라 보수를 받는다. 결론적으로 지중해 연안 유대인들이 승진하고 싶으면 실수를 해서는 안된다. 혹은 최소한 실수가 표면화되지 않게 해야 한다. 더욱이 실수를 하게 되면 대개 불명예를 당하게 된다. 결과적으로, 지중해 연안 유대인 노동자들은 자신이 저지른 잘못은 자신 뿐만 아니라 소속된 내집단에 영향을 미치게 되므로 자신의 실수를 쉽사리 인정하려 하지 않는다.

그러면 "잘못"에 대한 개념 또한 지중해 연안 유대인 문화에서 명백하지 않다. 지중해 연안 유대인들은 실수를 자신의 행동의 결과라고 생각하지 않으며, 오히려 연약함이나 결점을 의미하며, 운명의 결과(헬라어로는 *moira*; 라틴어로는 *fortuna*)나 하나님의 섭리라고 생각하는 경향이 있다. 이 말은 자신의 생애의 중요한 기간, 혹은 전생애에 대한 평가가 유보될 수 있으며, 개인적인 평가에는 적용하지 않는다는 뜻이다. 사람은 자기 행동에 대해서 자기 책임이 있다는 것을 잘 알고 있다. 그럼에도 불구하고, 지나고 보면 운명이나 섭리에 의해서 전체적으로 통제되는 경우가 있다.

더욱이 출세의 사다리에 올라가 있는 엘리트들(로마인들은 "명예의 결과"[sequence of honors])라고 했다)이나, 엘리트의 역할을 하는 사람들은 출생하면서 부터 사회적 지위를 가지고 태어난다. 물론 때로는 그것이 특유한 출생 배경과 특별한 혜택이 있을 때에 가능하다. 승진은 나이, 충성, 그리고 앞서 언급한 대로 출세하면서 특별한 실수를 하지 않으면 된다. 이처럼 엘리트들의 특별한 행동 방식은 실수에 대한 대비책이 없는 경우에는 앞장 서거나 현재의 상황에서 벗어나는 일은 하지 않으려 한다.

복음서에 빌라도는 그런 엘리트들이 취한 태도의 좋은 사례이다. 그는 예수님의 처형에 대해서 찬성을 하지도 않으면서도 유대인 엘리트들과 군중들의 요청과 보조를 맞춘다. 만일 실수하더라도, 그 실수는 그들의 것이 된다. 그는 유대인 엘리트들에게 물러서라고 하지 않으면서, 예수님을 죽이라고도 하지 않는다. 효과적으로 그는 잘못을 하지 않았으나, 예수님이 처형되도록 허락한 것뿐이다:

> 당하면 총독이 무리의 소원대로 죄수 하나를 놓아 주는 전례가 있더니 그 때에 바라바라 하는 유명한 죄수가 있는데 저희가 모였을 때에 빌라도가 물어 가로되, 너희는 내가 누구를 너희에게 놓아 주기를 원하느냐 바라바냐 그리스도라 하는 예수냐 하니 이는 저가 그들의 시기로 예수를 넘겨 준줄 앎이러라 총독이 재판 자리에 앉았을 때에 그 아내가 사람을 보내어 가로되 저 옳은 사람에게 아무 상관도 하지 마옵소서 오늘 꿈에 내가 그 사람을 인하여 애를 많이 썼나이다 하더라 대제사장들과 장로들이 무리를 권하여 바라바를 달라 하게 하고 예수를 멸하자 하게 하였더니 총독이 대답하여 가로되 둘 중에 누구를 너희에게 놓아 주기를 원하느냐 가로되 바라바로소이다 빌라도가 가로되 그러면 그리스도라 하는 예수를 내가 어떻게 하랴 저희가 다 가로되 십자가에 못 박혀야 하겠나이다 빌라도가 가로되 어찜이뇨 무슨 악한 일을 하였느냐 저희가 더욱 소리질러 가로되 십자가에 못박혀야 하겠나이다 하는지라 빌라도가 아무 효험도 없이 도리어 민란이 나려는 것을 보고 물을 가져다가 무리 앞에서 손을 씻으며 가로되 이 사람의 피에 대하여 나는 무죄하니 너희가 당하라 백성이 다 대답하여 가로되 그 피를 우리와 우리 자손에게 돌릴지어다 하거늘 이에 바라바는 저희에게 놓아 주고 예수는 채찍질하고 십자가에 못 박히게 넘겨 주니라.(마 27:15-26)

이런 관점에서 빌라도와 같은 엘리트에게 피해를 준다면, 그 선택에 대한 잘못은 개인의 잘못으로 돌리지 않고 운명이나 운으로 돌린다(어떤 일을 하지 않기로 결정한 것에 대해서는, 그 일에 대한 책임도 없다). 그래서 사도행전에 빌라도를 이렇게 기록하고 있다.

> 아브라함과 이삭과 야곱의 하나님 곧 우리 조상의 하나님이 그 종 예수를 영화롭게 하셨느니라 너희가 저를 넘겨 주고 빌라도가 놓아 주기로 결안한 것을 너희가 그 앞에서 부인하였으니 너희가 거룩하고 의로운 자를 부인하고 도리어 살인한 사람을 놓아 주기를 구하여 생명의 주를 죽였도다 그러나 하나님이 죽은 자 가운데서 살리셨으니 우리가 이 일에 증인이로라.(행 3:13-15)

> 과연 헤롯과 본디오 빌라도는 이방인과 이스라엘 백성과 합동하여 하나님의 기름 부으신 거룩한 종 예수를 거스려 하나님의 권능과 뜻대로 이루려고 예정하신 그것을 행하려고 이 성에 모였나이다.(행 4:27, 28)

> 예루살렘에 사는 자들과 저희 관원들이 예수와 및 안식일마다 외우는 바 선지자들의 말을 알지 못하므로 예수를 정죄하여 선지자들의 말을 응하게 하였도다 죽일 죄를 하나도 찾지 못하였으나 빌라도에게 죽여달라 하였으니 성경에 저를 가리켜 기록한 말씀을 다 응하게 한 것이라 후에 나무에서 내려다가 무덤에 두었으나.(행 13:27-29)

43
모르면 안된다

제어리 클락이 서구에서 쓰던 차가 유대로 가져와서 사용하던 중에 고장이 났다. 그는 전화부에서 자동차 수리공장을 알아내고 찾아갔다.

그는 기술자에게 이런 차를 수리해 본 적이 있는지 물어 보았다. 지중해 연안 유대인은 "그럼요" 라고 자신있게 대답했다. 안심하고 나오던 중에 수리를 막 시작하려는 기술자를 보고 놀랐다. 자동차 본넷을 열지 못해 쩔쩔매고 있는 것이었다.

그 기술자가 자신있게 고칠 수 있다고 한 것을 어떻게 이해해야 할까?

정통해야 한다

자동차 수리공은 그런 차를 수리해 본 적이 전혀 없었지만, 그 사실을 인정하지 않았다. 지중해 연안 유대인들은 자신의 직업이나 사회적 역할과 관련된 것에 있어서 의무와 권한이 있으므로 일을 못한다고 스스로 인정하지 않는다. 만일 무능함을 인정하게 되면 자신이 무능한 노동자일 뿐 아니라, 나쁜 남편이자 아버지라는 것을 암시하는 것이 된다. 한 사람이 자기의 역할을 못한다는 것은 인력이 낭비되므로 해고되어야 하고, 노동 집단으로 이루어지는 내집단에 불필요한 존재라는 것을 의미한다. 다른 말로 하면, 지중해 니역 유대인들은 직업과 개인적인 생활을 분리하지 않고 생각하므로, 자신이 어떤 역할에 관련된 문제에 있어서 정통하지 못하다고 인정하면, 그 자신의 자기 가치와 명예에 커다란 문제가 생기게 된다. 그점에 있어서, 복음서에 예수님, 베드로, 야고보, 그리고 요한이 아마 사람들을 치유하고 있었을 나머지 제자들과 합류하기 위해서 변화산에서 내려 왔다는 내용이 실려 있다. 마가는 그 장면을 다음과 같이 묘사한다.

> 저희가 이에 제자들에게 와서 보니 큰 무리가 둘렀고 서기관들이 더불어 변론하더니 온 무리가 곧 예수를 보고 심히 놀라며 달려와 문안하거늘 예수께서 물으시되 너희가 무엇을 저희와 변론하느냐 무리 중에 하나가 대답하되 선생님 벙어리 귀신들린 내 아들을 선생님께 데려왔나이다. 귀신이 어디서든지 저를 잡으면 거꾸러져 거품을 흘리며 이를 갈며 그리고 파리하여 가는지라 내가 선생의 제자들에게 내어 쫓아달라 하였으나 저희가 능히 하지 못하더이다.(막 9:14-18)

여기서 요점은 이렇다. 제자들이 병을 고칠 수 없다는 것에 대해서는 공적으로 한 마디도 하지 않았다; 결국 그들은 제자들이므로 그들은 고칠 수 있다. 질문은 개인적으로 했다. 사적인 자리에서는 명예가 보호된다(공적 토론이면서, 사적인 설명인 마가의 문학 양식은 유사한 목적을 가지고 있다. 사적인 설명은 제자들의 명예를 보호할 뿐 아니라, 공적으로부터 정보를 특히 반대자들로부터 은밀히 지킨다).

> 집에 들어가시매 제자들이 종용히 묻자오되 우리는 어찌하여 능히 그 귀신을 쫓아 내지 못하였나이까 이르시되 기도 외에 다른 것으로는 이런 유가 나갈 수 없느니라 하시니라.(막 9:28, 29)

사회적 역할과 그 역할을 수행할 수 있으리라고 기대하는 능력과의 관계는 아이를 낳는 여자들은 자동적으로 "좋은" 어머니가 될 수 있다는 서구식의 전제와는 다르다. 어머니가 사회적인 역할과 능력을 완벽하게 발휘할 수 있는 영역은 어머니로서의 역할 그 이상은 없다. 서구의 법정에서도 어머니가 아이의 양육을 더 잘 하리라는 가정 아래서 양육권을 어머니들에게 맡긴다. 이는 그런 역할을 수행할 수 있는 능력과 사회적 역할을 동일시하는 것인데, 이는 조상으로부터 물려받은 지혜의 일부분이다.

"의원아 너를 고치라"(눅 4:23)는 말은 그같은 지중해 연안 사람의 전제와 관계가 있다. 의사로서 사회적 역할은 사람들을 건강하며 건강하게 할 수 있다는 전제를 두고 있다. 더욱이 의사들은 누구든지 고칠 수 있어야 한다. 만일 자신이 치료할 수 없거나 죽을 가망이 있는 환자는 자신의 명예에 손상이 가지 않도록 아예 치료하지 않는다. 복음서에도 마찬가지로, 제자들이 예수님을 "메시아"라고 부른 사실은 사람들로 하여금 예수님께서 메시아의 역할을 할 것이라는 기대를 하도록 만들었다. 메시아의 사역의 하나는 하나님께 도움을 요청할 수 있는 능력이다. 그때 사람들의 반응은 그를 십자가에 못박는 것이었다.

> 지나가는 자들은 자기 머리를 흔들며 예수를 모욕하여 가로되 성전을 헐고 사흘에 짓는 자여 네가 만일 하나님의 아들이어든 자기를 구원하고 십자가에서 내려오라 하며 그와 같이 대제사장들과 서기관들과 장로들도 함께 희롱하여 가로되 저가 남은 구원하였으되 자기는 구원할 수 없도다 저가 이스라엘의 왕이로다 지금 십자가에서 내려올지어다 그러면 우리가 믿겠노라 저가 하나님을 신뢰하니 하나님이 저를 기뻐하시면 이제 구원하실지라 제 말이 나는 하나님의 아들이라 하였도다 하며 함께 십자가에 못 박힌 강도들도 이와 같이 욕하더라.(마 27:39-44, 막 15:29-32; 눅 23:35-39)

아무 일도 일어나지 않는다는 것은 주장자의 역할이 잘못된 것이라는 것을 드러내고 공적으로 수치를 당하게 하는 것이다. 예수님의 원수들이 보았던 관점에서 보면 십자가 처형은 수치를 상징한다.

다음 장면에서 상호행동을 살펴 보라. 어부도 아닌 예수님이 어부들에게 어부들이 하는 일에 대해서 말씀하신다.

> 호수가에 두 배가 있는 것을 보시니 어부들은 배에서 나와서 그물을 씻는지라…말씀을 마치시고 시몬에게 이르시되 깊은 데로 가서 그물을 내려 고기를 잡으라 시몬이 대답하여 가로되 선생이여 우리들이 밤이 맞도록 수고를 하였으되 얻은 것이 없지마는 말씀에 의지하여 내가 그물을 내리리이다 하고 그리한즉 고기를 에운 것이 심히 많아 그물이 찢어지는지라 이에 다른 배에 있는 동무를 손짓하여 와서 도와달라 하니 저희가 와서 두 배에 채우매 잠기게 되었더라 시몬 베드로가 이를 보고 예수의 무릎 아래 엎드려 가로되 주여 나를 떠나소서 나는 죄인이로소이다 하니 이는 자기와 및 함께 있는 모든 사람이 고기 잡힌 것을 인하여 놀라고 세베대의 아들로서 시몬

의 동업자인 야고보와 요한도 놀랐음이라 예수께서 시몬에게 일러 가라사대 무서워 말라 이제 후로는 네가 사람을 취하리라 하시니 저희가 배들을 육지에 대고 모든 것을 버려두고 예수를 좇으니라.(눅 5:2, 4-11)

이 장면이 끝날 때에, 보통 사람들은 어부들이 고기를 팔아 얼마나 많은 돈을 벌었는지 궁금할지도 모른다. 그러나 시몬과 야고보와 요한은 배를 대자마자 모든 것을 버리고 예수님을 좇았다. 어떻게 해서 이 장면은 독자들로 하여금 그런 결론을 내리도록 했을까? 전문 어부를 능가할 수 있는 예수님의 능력에 대한 증거가 예수님의 계획을 따르고자 하는 자원하는 마음과 더불어 칭찬과 존경을 끌어내는가?

44
계획은 중요한 것이 아니다

현대인 행정관 켄트 왓슨은 지중해 연안 유대인 부하 직원에게 보고서를 작성하도록 지시했다. 얼마나 걸릴지 물었더니 열흘 정도 걸린다고 했지만, 15일이 걸려도 좋다고 했다.
15일째 되는 날 오후에 켄트는 보고서를 보자고 했다. 그런데 그 지중해 연안 유대인은 다음 날 오전에 보고하겠다고 했다. 켄트는 화가나서, "멘나헴 씨, 그래도 그렇지 예정일은 오늘입니다"고 말했다.
멘나헴은 "알고 있어요. 그렇지만 약속 날에서 하루 정도 차이가 나는 내일 아침이면 되잖아요"라고 대답했다. 켄트는 멘나헴에게 보고서란 약속된 시간에 하는 것이 원칙이라고 말했다. 그러나 멘나헴은 되레 화를 내면서 자기는 몇날 밤을 새고 휴일도 쉬지 못하였으며, 심지어 안식일에도 일을 했다고 했다. 켄트는 계획을 잘못 세워서 일어난 일이라는 것을 알았다. 그는 멘하헴에게 집에서 일하기보다는 계획을 더 잘 세워 효과적으로 일을 했었어야 했다고 말했다.
그 날부터 멘나헴은 투덜거리며 일을 하고 싶지 않아하는 것이었다.
멘나헴의 행동을 어떻게 설명하면 가장 좋을까?

다른 사람들이 잘못하는 것은 못본체하라

지중해 연안 유대인들은 현대인들처럼 일정을 중요하게 생각하지 않는다. 멘나헴은 계획대로 일을 하지 못했다는 질책을 듣자, 자신이 개인적으로 공격을 받았다고 생각했다. 그들은 일정을 지킨다는 것은 궁극적인 목적이 아니라는 것이다. 더욱이 멘나헴은 자기가 해야할 보고서를 거의 마쳤음으로 지금까지 한 일에 대해서는 칭찬받아야 한다고 생각했다. 즉 일의 완성한 부분에 대해서는 잘했다는 평가를 받가야 하며, 아직 미완성된 것으로 인해 비난을 받아서는 안된다는 생각이다. 결론적으로 왓슨이 멘나헴을 꾸짖은 것은 그의 인격에 대한 평가를 한 것이 된 셈이었다. 왜냐하면 현대인들과는 달리 지중해 연안의 유대인들에게 있어서는 일과 인격을 분리해서 생각하지 않기 때문이다. 이것이 바로 왓슨에게 멘나헴이 강하게 반발한 이유였다.

일을 하는 데 있어서, 일을 거의 다 마친 사람들은 이미 완수된 만큼 칭찬받아야 하며 아직 못끝내지 못한 일에 대해서는 비난을 받아서는 안된다고 생각한다. 반쯤 수행한 고대의 일과 현대의 프로잭트는 모두 지중해 연안의 사람들에게 있어서 칭찬받을 일이지 비난받을 일이 아니라는 것을 증명한다.

결론적으로 지중해 연안 유대인들은 현대인들과 달리 일과 인간성을 따로 분리해서 생각하지 않기 때문에, 신분이 높은 어떤 사람의 일을 평하는 것은 그 사람 자체를 평하는 것이다. 이처럼 그들이 개인으로서 자신을 방어하고 있다고 믿기 때문에, 지중해 연안 유대인들은 아주 강력하게 자신이 한 것에 대해서 어떻게 평하여도 반발한다.

어떤 사람의 일을 평하는 것은 그 사람을 평하는 것이다. 이같은 관점은 복음서에도 잘 나타나 있다. 예를 들면, 제자들은 금식하지 않는 것(막 2:18; 마 9:14; 눅 5:33), 안식일에 밀을 뽑은 것(막 2:24; 마 12:2; 눅 6:2), 병고치지 못한 것(막 9:18; 마 17:16; 눅 9:40) 때문에 비난당한다. 그러한 모든 비난은 그들의 선생과 그 선생의 생활 방식에 대한 비난으로 이어진다.

이런 특징은 바울의 반대자들이 바울을 비난했던 방식에 대해서 바울이 기록한 모든 성경에 자세히 잘 나타나 있다. 바울은 자기 사역이 비난 받음으로써 자기 자신을 의로운 존재가 된다고 해서 비난을 잘 수용하지 않았던 것이 아니다. 그와는 반대이다. 어떤 사람이 바울의 사역에 이의를 제기함으로써 그의 도덕적 가치에 대해 비난하기 때문에 수용하지 않았다. 그리고 바울의 반대자들이 바울을 비난했다. 왜냐하면, 예를 들어, 그의 반대자들이 "저희 말이 그 편지들은 중하고 힘이 있으나 그 몸으로 대할 때는 약하고 말이 시원치 않다 하니"(고후 10:10)라고 말하기 때문이다. 그같은 관점으로써 성경을 읽어보라. 고린도후서에서 바울이 자기 반대자를 "수다한 사람과 같이 하나님의 말씀을 혼잡"(고후 2:17)하는 자, 혹은 "거짓 사도요 궤휼의 역꾼"(고후 11:13-15), 또는 "큰 사도들"(고후 12:11)이라고 도리어 비난했다. 그리고 사도 바울은 고린도에 있는 교인들 앞에서 자신을 변호하지 않고 "…우리가 그리스도 안에서 하나님 앞에 말하노라 사랑하는 자들아 이 모든 것은 너희의 덕을 세우기 위함이니라"(고후 12:19)고 했다.

비난에 대한 동일한 방식의 대응을 갈라디아서에서도 찾아볼 수 있다. 거기서 바울은 자기가 제시해 주었던 것과는 다른 엉뚱한 생활 방식 한 가지를 갈라디안들이 받아들인 이유는 갈라디아인들의 눈이 홀렸기 때문이라는 것이다.

어리석도다 갈라디아 사람들아 예수 그리스도께서 십자가에

못 박히신 것이 너희 눈 앞에 밝히 보이거늘 누가 너희를 꾀더냐.(갈 3:1)

45
우리가 모르는 것은 없다

하워드 스톨은 쉐포리스 도시 외곽에서 농기구 제작회사에서 고문으로 일해 오고 있었다. 어느 날, 수년간 일해 왔던 조스가 지시를 따르지 않는 것을 알게 되었다. 하워드는 신입 사원들을 배치시키기 위해서 제시했던 새로운 방법을 실시하지 않는 조스를 나무랐다. 사실 조스는 고문이 오기 전부터 해오던 방식대로 일했다. 그래서 조스는 화가났다. 그는 하워드에게 자신이 하고 있는 일에 대해서 잘 알고 있으며 새로운 방식이 잘못되었다는 것을 지적했다.

조스의 비난은 정말 말도 안되는 것이었다. 그런데도 하워드에게 화를 내었으며, 이를 공장에 있던 사람들 모두가 다 듣게 되었다. 하워드는 다소 당황스러웠다.

조스는 왜 그렇게 화를 냈을까?

존경 받고자 하는 사람들은 물리쳐야 한다

쉽게 말하면, 지중해 연안 유대인들은 자신들이 일하는 것이 조사 받거나 비난받는 것을 현대인들보다 훨씬 더 싫어한다. 그 부하 직원의 일을 조사하고 비평하는 것이 하워드씨가 부하 직원의 (무의식 중에) 지위를 격하시키는 꼴이 되었다. 지중해 연안 유대인들은 현대인들보다 신분 차이에 대해서 더 민감하다. 그리고 신분 부정은 지중해 연안 유대인 사이에서는 적대감을 불러 일으킨다. 그 부하 직원에게서 있어서도 그랬던 것이다. 부적절한 비평은 조스의 적대감에 대한 표현이며, 하워드의 지위를 격하시키려는 시도이다. 고함을 쳤던 것은 조스가 자기 동료 직원들의 주위를 끌어 하워드가 외집단 일원라는 것을 보여 주려는 행동이었다. 이런 관점을 가지고 보면, 특히 유대에서 예수님을 비난하는 사람들 자신의 내집단이 예수님을 대항하여 둘러설 것이 분명하다.

예수님의 비난은 예수님의 내집단 계통이 예수님의 반대자들에게 대항하도록 만든다. Windows # 38에 보면 예수님께서 냉소적으로 서기관들에게 "읽어보지 않았느냐?"라고 물어보셨던 많은 실례들이 제시되어 있다. 그런 재치있는 응수는 한 사람(틀림없이 읽어 보았던 서기관)의 역할에 대한 부정을 그 사람 자신과 연결시킨다. 그 사람의 역할과 그 사람의 사람됨은 부적격하며 사악하다고 간주되었다. 그 다음에 마가복음 12:18-27에 나타나 있는 역연혼(levirate marriage)과 부활에 대한 사도개인들의 조소에 대해서 예수님께서 응수하신 것을 살펴보라.

> 부활이 없다 하는 사두개인들이 예수께 와서 물어 가로되 선생님이여 모세가 우리에게 써 주기를 사람의 형이 자식이 없이 아내를 두고 죽거든 그 동생이 그 아내를 취하여 형을 위하여 후사를 세울지니라 하였나이다 칠 형제가 있었는데 맏이 아내를 취하였다가 후사가 없이 죽고 둘째도 그 여자를 취하

였다가 후사가 없이 죽고 셋째도 그렇게 하여 일곱이 다 후사가 없었고 최후에 여자도 죽었나이다 일곱 사람이 다 그를 아내로 취하였으니 부활을 당하여 저희가 살아날 때에 그 중에 뉘 아내가 되리이까 예수께서 가라사대 너희가 성경도 하나님의 능력도 알지 못하므로 오해함이 아니냐 사람이 죽은 자 가운데서 살아날 때에는 장가도 아니가고 시집도 아니가고 하늘에 있는 천사들과 같으니라 죽은 자의 살아난다는 것을 의논할진대 너희가 모세의 책 중 가시나무 떨기에 관한 글에 하나님께서 모세에게 이르시되 나는 아브라함의 하나님이요 이삭의 하나님이요 야곱의 하나님이로라 하신 말씀을 읽어 보지 못하였느냐 하나님은 죽은 자의 하나님이 아니요 산 자의 하나님이시라 너희가 크게 오해하였도다 하시니라.(막 12:18-27)

예수님의 답변 초두와 말미에서 사두개인들의 잘못을 직접적으로 항변하시는 것에 유의하라. 더 나아가 그들은 하나님의 말씀도, 하나님의 능력도 알지 못한다는 대단히 혐오스러운 말을 들었다. 그리고 성전을 관리하고 이스라엘 백성들을 공적으로 가르치는 책임을 진 사람들이 사두개인들에게 말씀하시고 있는 것도 역시 주목하라. 그들의 하는 일이 절대적으로 희망이 없고, 어리석고, 부족하다. 그들의 개인적 지위도 그러하고, 그들의 사람됨도 마찬가지다.

또 다른 접근 방식은 그들의 공격을 따돌려서 공격자들로 하여금 자신들의 실상을 볼 수 있게 하는 것이었다. "또 내가 바알세불을 힘입어 귀신을 쫓아내면 너희 아들들은 누구를 힘입어 쫓아내느냐 그러므로 저희가 너희 재판관이 되리라"(마 12:27).

바울 역시 자신을 반대자들과 차별화하기 위해서 비슷한 작전을 폈다. 그렇게 해서 바울은 자기 편의 사람들을 얻으려고 했다. 그는 스스로 할례 받은 사람들이라고 주장하는 사람들을 반박하면서 날카롭게 외친다: "너희를 어지럽게 하는 자들이 스스로 베어 버리기를 원하노라"(갈 5:12). "스스로 베어 버리다"라는 뜻은 "모두 잘라 버리라"라는 뜻이다. 즉, 음경의 포피만을 말하는 것은 아니다. 지중해 연안 사회 남성들의 핵심적 상징을 알고 있었다. 바울의 탄식은 확실히 내집단 일원으로 영입시키는 역할을 했다. 바울은 빌립보서에서도 비슷한 주장을 하였다: "개들을 삼가고 행악하는 자들을 삼가고 손할례당을 삼가라"(빌 3:2). 여기서 "할례"란 "절단"(mutilation; 손할례당)을 의미하는 말이다.

이들은 사람들을 외집단의 일원들로 배척하려는 목적으로 하는 말과 행동을 나타내는 사례들이다.

46
결과 앞에 놓인 명예

지중해 연안 유대인으로서 현대인 사업 투자의 책임자가 된 로버트 베어런은 타 문화권의 민족과 어떻게 일을 해야 하는지 잘 알고 있었다. 유대인 부하 한 사람과 현대인 직원이 공동으로 작성한 보고서를 로버트에게 제출하였다. 두 사람이 돌아오자 전화가 왔는데, 로버트가 유대인 부하 직원에게 아주 잘했다고 말했다. 그러나 보고서에는 추가되어야 할 사항과 수정할 부분이 있었다.
이를 본 현대인 부하가 상사인 로버트에게 "왜 유대인을 그렇게도 너그럽게 대우하느냐?"고 따졌다. 유대인 직원이 보고서를 제대로 작성하지 못했다는 것은 명백한 사실이었다. 그리고 현대인 직원도 로버트가 오히려 자기를 나무랐어야 했다고 느꼈다. 로버트는 그 현대인 직원이 나중에 그렇게 한 이유를 이해해 줄 것이라고 믿었다는 것을 넌지시 알리면서, 그를 쌀쌀하게 대우하지 않는 것이 최선의 길이라고 확신했기 때문이라고 했다.
로버트는 유대인 부하 직원을 질책하는 것이 지혜롭지 못하다고 판단했던 이유는 무엇인가?

외집단에 속한 비적대적인 사람들은 격려를 받아야 한다.

유대인들도 현대인들처럼 비난받으면 지나치게 과민한 반응을 하는 경우가 있다. 지중해 연안 유대인 노동자들은 아무리 사소한 비난이라 하여도 큰 위험성이 있으면 과민 반응하는 경향이 있다. 지중해 연안 유대인의 집단 지향적인 자아는 쉽게 상처를 받는다. 그리고 비판받으면 썩 감사하게 여기지 않는다. 로버트는 그곳 부하 직원과 관계를 유지해야 했기 때문에 그 부하를 먼저 칭찬하고, 그 다음에 추가 사항을 제안하는 것이 지혜롭다고 여겼다.

복음서를 보면, 여러 번 예수님은 적대감을 가지지 아니한 질문을 받았던 사실을 알 수 있다. 그래서 답변하실 때, 예수님은 질문자에게 확신을 주고 지원을 해준다:

> 예수께서 길에 나가실새 한 사람이 달려와서 꿇어 앉아 묻자오되 선한 선생님이여 내가 무엇을 하여야 영생을 얻으리이까? 예수께서 이르시되 네가 어찌하여 나를 선하다 일컫느냐 하나님 한 분 외에는 선한 이가 없느니라. 네가 계명을 아나니 살인하지 말라, 간음하지 말라, 도적질하지 말라, 거짓 증거하지 말라, 속여 취하지 말라, 네 부모를 공경하라 하였느니라. 여짜오되 선생님이여 이것은 내가 어려서부터 다 지키었나이다. 예수께서 그를 보시고 사랑하사 가라사대 네게 오히려 한 가지 부족한 것이 있으니 가서 네 있는 것을 다 팔아 가난한 자들을 주라 그리하면 하늘에서 보화가 네게 있으리라 그리고 와서 나를 좇으라 하시니 그 사람은 재물이 많은 고로 이 말씀을 인하여 슬픈 기색을 띠고 근심하며 가니라.(막 10:17-22)

> 베드로가 여짜와 가로되 보소서 우리가 모든 것을 버리고 주를 좇았나이다. 예수께서 가라사대 내가 진실로 너희에게 이르노니 나와 및 복음을 위하여 집이나 형제나 자매나 어미나 아비나 자식이나 전토를 버린 자는 금세에 있어 집과 형제와

자매와 모친과 자식과 전토를 백 배나 받되 핍박을 겸하여 받고 내세에 영생을 받지 못할 자가 없느니라. 그러나 먼저된 자로서 나중되고 나중된 자로서 먼저 될 자가 많으니라 예루살렘으로 올라가는 길에 예수께서 제자들 앞에 서서 가시는데 저희가 놀라고 좇는 자들은 두려워하더라 이에 다시 열두 제자를 데리시고 자기의 당할 일을 일러 가라사대 보라 우리가 예루살렘에 올라가노니 인자가 대제사장들과 서기관들에게 넘기우매 저희가 죽이기로 결안하고 이방인들에게 넘겨 주겠고 그들은 능욕하며 침 뱉으며 채찍질하고 죽일 것이니 저는 삼일만에 살아나리라 하시니라.(막 10:28-34; 마 22:34-40에서는 예수님께서 긍정적인 평가를 내리지 않으셨다)

위의 두 본문에서 질문자는 적대적인 관계의 인물로 묘사하지 않았다는 사실을 주목하라. 예수님은 답변하실 때 질문자와 관계를 유지하기를 소원하는 존경스러운 인물다운 방식으로 하신다. 질문자가 적대적인 사람으로 묘사되어 있으나, 예수님은 그렇게 하시지 않은 다음의 사건을 살펴 보라. 다음의 과정은 복음서에서 아주 보기 드문 경우이다.

어떤 율법사가 일어나 예수를 시험하여 가로되, 선생님 내가 무엇을 하여야 영생을 얻으리이까 예수께서 이르시되 율법에 무엇이라 기록되었으며 네가 어떻게 읽느냐 대답하여 가로되 네 마음을 다하며 목숨을 다하며 힘을 다하며 뜻을 다하여 주 너의 하나님을 사랑하고 또한 네 이웃을 네 몸과 같이 사랑하라 하였나이다. 예수께서 이르시되 네 대답이 옳도다 이를 행하라 그러면 살리라 하시니.(눅 10:25-28)

S LAZARVS

#47
없어서는 안 될 사람들

어느 현대인 관리자가 자기가 속한 회사의 한 부서를 인수받으려고 헤브론에 왔다. 지중해 연안 유대인 행정관들이 훈련을 받아서 그 기술을 다른 사람들에게도 가르칠 수 있을 것이라고 생각했다. 그는 많은 사람들이 그런 훈련을 받을 수 있도록 서구로 보내기를 바라고 있었다. 그가 그 아이디어를 부하 직원에게 이야기하자, 다음과 같은 이야기를 들었다.

헤롯왕에게 예속되어 있는 유대인 부대에 백부장 한 사람이 있었다. 그는 자물쇠와 열쇠를 관리하고 있었기 때문에, 보급부대로부터 신발을 가져 올 수 있는 유일한 사람이었다. 그는 항상 바쁘고 스트레스를 받았다. 부하 직원 한 사람이 "왜 사람을 시켜서 계산을 도와 달라고 하지 않으십니까?" 라고 물었더니 그 백부장은 "당신 미쳤소? 그렇게 하면 당장 내 목이 잘릴거요" 라고 대답했다.

그 현대인 관리자는 그 이야기에 대해 이해할 수 없었다. 그러나 일 년 후, 그는 그 문제에 대해서 좀 더 깊이 생각하지 못했던 것을 아쉬워했다. 왜 그 백부장은 사람을 뽑아서 자기 일을 돕도록 하는 것이 어떠냐는 제안을 거절했을까?

없어서는 안될 사람이 되라

지중해 연안 유대인 노동자들은 자신들 스스로 없어서는 안될 사람으로 여기거나, 혹은 최소한 그렇게 되기 위해서 애쓰는 경향이 있다. 지중해 연안 유대인 백부장이 부하 직원에게 도움을 요청했다면 그 요청은 그 백부장이 교체될 수 있다는 사실을 허락하는 것이나 다름없는 행동이다. 물론 그것은 "필요불가결한 사람이 아무도 없다"는 현대 세계의 방식과는 반대되는 것이다.

현재도 지중해 연안 유대인 노동자들은 스스로 필요 불가결한 존재라고 믿는 그런 경향이 생활 전 영역에서 발견된다. 그 이유는 그들에게 있어서 가족이란 사회의 주요 형태요, 일단 한 아이가 한 가정에 태어나게 되면 내집단에 의해서 없어서는 안될 존재로 인식되기 때문이다. 대체로 가족은 지금 구성되어 있는 개인 외에 다른 사람들로 구성될 수 있을 것이라고 상상조차 할 수 없다. 부모들은 이상적인 가정을 만들기 위해서 이 아이를 제외하거나 저 아이는 선택하지 않는다. 단지 한 가족으로 태어났다는 것 때문에 진정으로 그 내집단에 소속해 있다고 믿는다.

아니면, 지중해 연안 같이 사람들 상호간 철저한 사회들은 이 상황을 설명하는 데 있어서 근본적인 형태와 내포하는 의미를 가장 잘 나타내고 있다. 모든 상황이 본질적으로 재생산, 출생, 생물학적인 관계들, 등의 본질적인 과정에 뿌리를 둔 것들이다. 어머니나 아버지, 장남과 막내, 그리고 대체적으로 성에 기초한 역할이 주어진 것이요 반납할 수 없는 것인 것처럼, 다른 사회적인 역할도 마찬가지다. 그 사회 구조에는 마을의 백치와 선지자를 위한 공간이 있다. 그 둘다 내 어머니와 내 아버지와 사촌들처럼 없어서는 안될 사람들이다.

그리스도와 교회에 대한 바울의 설명이 각 사람을 반드시 필요한 사람으로 여기는 유기체적인 사회 형태로부터 나온 것을 주목하라.

…은사는 여러 가지나 성령은 같고 직임은 여러가지나 주는 같으며 또 역사는 여러 가지나 모든 것을 모든 사람 가운데서 역사하시는 하나님은 같으니 각 사람에게 성령의 나타남을 주심은 유익하게 하려 하심이라. 어떤 이에게는 성령으로 말미암아 지혜의 말씀을 어떤 이에게는 같은 성령을 따라 지식의 말씀을 다른 이에게는 같은 성령으로 믿음을 어떤 이에게는 한 성령으로 병 고치는 은사를, 어떤 이에게는 능력 행함을, 어떤 이에게는 예언함을, 어떤 이에게는 영들 분별함을, 다른 이에게는 각종 방언 말함을, 어떤 이에게는 방언을 통역함을 주시나니 이 모든 일은 같은 한 성령이 행하사 그 뜻대로 각 사람에게 나눠주시느니라 몸은 하나인데 많은 지체가 있고 몸의 지체가 많으나 한 몸임과 같이 그리스도도 그러하니라 우리가 유대인이나 헬라인이나 종이나 자유자나 다 한 성령으로 세례를 받아 한 몸이 되었고 또 다 한 성령을 마시게 하셨느니라. 몸은 한 지체뿐 아니요 여럿이니 만일 발이 이르되 나는 손이 아니니 몸에 붙지 아니하였다 할지라도 이로 인하여 몸에 붙지 아니한 것이 아니요. 또 귀가 이르되 나는 눈이 아니니 몸에 붙지 아니하였다 할지라도 이로 인하여 몸에 붙지 아니한 것이 아니니 만일 온 몸이 눈이면 듣는 곳은 어디며 온 몸이 듣는 곳이면 냄새 맡는 곳은 어디뇨 그러나 이제 하나님이 그 원하시는 대로 지체를 각각 몸에 두셨으니 만일 다 한 지체뿐이면 몸은 어디뇨? 이제 지체는 많으나 몸은 하나라. 눈이 손더러 내가 너를 쓸데없다 하거나 또한 머리가 발더러 내가 너를 쓸데없다 하거나 하지 못하리라. 이뿐 아니라 몸의 더 약하게 보이는 지체가 도리어 요긴하고 우리가 몸의 덜 귀히 여기는 그것들을 더욱 귀한 것들로 입혀 주며 우리의 아름답지 못한 지체는 더욱 아름다운 것을 얻고 우리의 아름다운 지체는 요구할 것이 없으니 오직 하나님이 몸을 고르게 하여 부족한 지체에게 존귀를 더하사. 몸 가운데서 분쟁이 없고 오직 여러 지체가 서로 같이 하여 돌아보게 하셨으니 만일 한 지체가 고통을 받으면 모든 지체도 함께 고통을 받고 한 지체가

> 영광을 얻으면 모든 지체도 함께 즐거워하나니 너희는 그리스도의 몸이요 지체의 각 부분이라. 하나님이 교회 중에 몇을 세우셨으니 첫째는 사도요 둘째는 선지자요 셋째는 교사요 그 다음은 능력이요 그 다음은 병 고치는 은사와 서로 돕는 것과 다스리는 것과 각종 방언을 하는 것이라 다 사도겠느냐 다 선지자겠느냐 다 교사겠느냐 다 능력을 행하는 자겠느냐 다 병 고치는 은사를 가진 자겠느냐 다 방언을 말하는 자겠느냐 다 통역하는 자겠느냐 너희는 더욱 큰 은사를 사모하라 내가 또한 제일 좋은 길을 너희에게 보이리라.(고전 12:1, 4-31)

여기서 각 개인은 교회의 본질적인 형태에서 없어서는 안될 제이다. 그 개인의 필요불가결성에 대한 이해도 마찬가지로 제한된 선에 대한 이해에 근거해 있다. 한 사람에게 사회적으로 할당된 역할, 곧 한 사람이 다른 사람들의 도움에 대해서 감사할 줄 알고, 글자 그대로 사람이 다른 사람의 도움으로 "크는" 역할은 제한된 전체 사회에서 갖는 한 사람의 몫이다. 그런 역할을 버리거나 포기하는 것은 사회적으로 흠집을 내는 것이며, 그 사람과 유대를 맺고 있는 모든 사람들에게도 손해를 끼치는 것이다. 가족 한 사람의 죽음을 다루는 것은 사회 구조의 흠집 하나를 처리하는 것과 거의 흡사하다.

현대 세계에서 우리는 원칙적으로 상품이 무제한 공급될 것이라고 믿고 있다. 만일 부족하게 되면, 우리는 더 생산할 수 있다. 만약 어떤 한 사람이 어떤 것을 더 취하게 되었다고 해서 어떤 사람이 반드시 덜 취하게 된다는 것을 의미하는 것은 아니다. 그것은 아마도 공장에서 야근을 하여서 그 얻게 되었다는 것을 의미한다. 이런 관점에서 본다면, 아무것도 제한되어 있지 않으므로 사람들도 너무나 쉽게 교체될 수 있다. 필요불가결한 사람은 아무도 없다. 그러나 고대 지중해 연안에서는 그 이해가 아주 다르다. 모든 상품들은 한정적이며 제한적으로 공급된다고 믿고 있다. 이것은 물질적인 상품들뿐 아니라 사회적 역할, 후손, 그리고 명예, 우정, 사랑, 능력, 보장, 신분과 같은 자질—문자적으로 하면 삶의 모든 것 또한 포함되었다. 그 전체 사회는 더 커질 수 없다. 그래도 토지나 종교와 같은 고루 돌아갈 것은 매우 많다. 그러므로 어떤 이가 더 큰 것을 가지고 있다면 그것은 자동적으로 다른 사람이 더 작은 것을 가지고 있다는 말이다.

명예로운 사람들은 자기의 것이 정확히 무엇인지, 그것에 관심을 쏟는다. 더 이상 무엇을 곧 남의 것을 취하고자 하는 욕망이 없다. 그러나 사실 존경스러운 사람들은 합법적으로 자기 소유를 만들었다. 그리고 사회 조직 속에서 합법적으로 그가 소유한 것은 사회적 역할이었다. 그것은 필요 불가결한 것이었다.

소유와 능력의 관점에서 볼 때, 지중해 연안 유대인이 부하 직원에게 도움을 청한다면, 그 상관의 자리는 다른 사람으로 교체되어도 좋다는 것과 동일한 의미이고, 그 부하 직원이 실제로 그 역할을 물려받아도 좋다는 허락과 동일한 것이다. 결국 그 자리는 빼앗기게 된다.

한편, 신분은 출생에 달렸으므로 고위층 신분의 사람들은 자기 자리가 필요없다고 생각되면 하위층의 사람들로부터 도움을 청할 수 있다. 고용주들은 자기 신분을 상실하지 않고서도 노동자들을 불러 일하러 오라고 초청할 수 있다. 그러나 노동자들은 반드시 요청을 받아야만 되고 일거리를 구하기 위해서 찾아와서는 안된다(마 20:1-6). 더욱이 예수님께서 율법적인 행위에 대한 질문을 받았을 때마다, 질문하는 사람들은 예수님을 시험해 보러 했다. 그 이유는 이러하다. 그들이 진지하였다면 예수님께서 권위있는 율법 해석자로 인식하고서는 자신들의 필요 불가결한 신분에 위협을 느꼈을 것이다.

한편 손 마른 사람이 있는지라 사람들이 예수를 송사하려 하

> 여 물어 가로되 안식 일에 병 고치는 것이 옳으니이까.(마 12:10)

> 이에 바리새인들이 가서 어떻게 하여 예수로 말의 올무에 걸리게 할까 상론하고 자기 제자들을 헤롯 당원들과 함께 예수께 보내어 말하되 선생님이여 우리가 아노니 당신은 참되시고 참으로써 하나님의 도를 가르치시며 아무라도 꺼리는 일이 없으시니 이는 사람을 외모로 보지 아니하심이니이다 그러면 당신의 생각에는 어떠한지 우리에게 이르소서 가이사에게 세를 바치는 것이 가하니이까 불가하니이까 한대.(마 22:15-17; 막 12:13-14; 눅 20:20-22)

결국, 하위층 신분에 속한 사람들은 상위층에 속한 사람들에게 언제나 어떤 것을 상실하는 것 없이도 요청할 수 있다. 이러한 사회적 행위는 기도에 근거한 것이다. 사람들이 자신들의 사회적 존재를 좌우하는 소속 사회에 속한 상위층 사람들에게 하듯이 동일한 방식으로 하나님께 기도를 드린다. 예를 들면, 지중해 연안에 속한 유대에 사는 대부분 사람들에게 있어서 가장 중요한 상위층 사람들은 명예를 위해서 하위층 신분의 피고용자들과 하류민들에게 도움을 베푼 은인들이었다. 일용직 노동자들을 고용한 주인에 대한 비유(마 20:1-15)에서 한 주인이 자기의 피고용자들에게 자신들이 한 것에 더 지나도록 일당을 지급해 주었다. 이 비유에서의 문제점은 불만자들이 주인과 피고용자의 관계에 의거해서 공정하게 지불받지 못했다는 데 있다. 이제 하나님을 "아버지"로 부르는 것은 하나님을 "주인"(해방된 노예 보호자로서의 옛주인; Patron)로 부르는 것과 꼭 같다. 하나님을 "아버지"로 알고 접근하는 것은 하나님을 "주인"으로 알고 접근하는 것이다.

48

돕는 손?

케티 셀크는 예루살렘에 있는 어느 대학의 행정직원 비서였다. 그녀는 지중해 연안 유대인 교사들을 아주 잘 알게 되었다. 많은 교사들은 도와주는 사무원이 부족하여 사무 처리에 대한 일로 인하여 업무가 과중된다는 것을 알게 되었다. 그래서 케티는 그 교사들이 필요한 일이 있다고 생각되면 타이핑을 해주고 문서 정리를 해주며 도와주려고 했다. 하지만 그 교사들의 반응은 그녀가 기대했던 것과는 반대였다. 모든 교사들이 그녀의 도움을 거절했다. 심지어 그들 대부분이 그런 제안에 대해서 분개하는 것 같았다.

왜 그 교사들은 케티의 도움을 거절하고 도리어 분개하였을까?

다른 사람들의 필요불가결성을 위협하지 말라

케티는 선생님들에게 도와줄 것을 제안한 것이 결국은 그 선생님들이 자기 업무를 정확히 처리할 수 있는 능력이 없다는 것을 암시하는 것이 되었던 것이다. 그래서 그들은 모욕감을 느끼고 케티의 도움을 거절하였던 것이다.

지중해 연안 유대인들은 자신이 맡은 일이 과중하다는 것을 어느 누구에게도 알리지 않는다. 만일 누군가가 그것을 알게 되는 것은 자신들의 가치를 깎아 내리는 것이 된다. 사람은 자신의 지위와 역할에 있어서, 그리고 자기 가족의 지위와 역할에 있어서 없어서는 안될 사람이라는 여김을 받는다. 더욱이 그런 필요 불가결성을 인정받은 지중해 연안인들은 대체적으로 직업 변경을 상상도 하지 못한다; 모든 직업은 마치 가족의 역할과 같이 영원한 것이다. 전통적으로 한 사람의 직업은 그 사람의 성과 같은 역할을 한다: 예를 들면, 세례 요한, 선지자 예수, 사도 바울, 조수아 등. 그러므로 지중해 연안인들이 한번 이웃은 영원한 이웃으로 여기듯이 자신의 거주지는 고정적이며 불변한 것으로 생각한다.

복음서에 보면, 예수님께서 부른 어부들이 단순히 예수님을 좇는다. 그 어부들이 예수님께서 원하시는 것을 할 수 있는 능력이 있느냐 없느냐라는 문제는 미해결로 남아 있다(물론 우리는 그 제자들이 예수님께서 추구하고 계셨던 것을 알고 있었을 것이라고 추정할 수 있을 것이다).

> 갈릴리 해변으로 지나가시다가 시몬과 그 형제 안드레가 바다에 그물 던지는 것을 보시니 저희는 어부라. 예수께서 가라사대 나를 따라오너라 내가 너희로 사람을 낚는 어부가 되게 하리라 하시니곧 그물을 버려두고 좇으니라 조금 더 가시다가 세베대의 아들 야고보와 그 형제 요한을 보시니 저희도 배에 있어 그물을 깁는데 곧 부르시니 그 아비 세베대를 삯꾼들과

함께 배에 버려 두고 예수를 따라가니라.(막 1:16-20, 마 4:18-22 참조)

예수께서 다시 바닷가에 나가시매 무리가 다 나아왔거늘 예수께서 저희를 가르치시니라 또 지나가시다가 알패오의 아들 레위가 세관에 앉아 있는 것을 보시고 저에게 이르시되 나를 좇으라 하시니 일어나 좇으니라.(막 2:13, 14 참조; 마 9:9; 눅 5:27-28)

사도들이나 제자들이 전하고 가르치고 고치는 제1차 여행에서 돌아왔을 때에, 마태는 아무 보고를 하지 않고 마가는 침묵을 지켰다.

사도들이 예수께 모여 자기들의 행한 것과 가르친 것을 낱낱이 고하니.(막 6:30)

반면 누가는 대단히 열광하고 있다.

칠십 인이 기뻐 돌아와 가로되 주여 주의 이름으로 귀신들도 우리에게 항복하더이다.(눅 10:17)

그럼에도 불구하고 어떤 경우(마 17:16; 막 9:18; 눅 9:40)에는 고칠 수 없었다는 사실을 알려주는 사건들은 그 장면이 지나치게 지중해 연안 양식으로 그려졌다는 것을 지적해 준다. 예수님께서 불렀던 한 사람이 예수님을 배반하고 다른 한 사람은 예수님과 함께 끝까지 있겠다는 서원을 한다. 그러나 결국 모든 사람들이 예수님을 버린다. 왜 예수님은 그 인물의 특성에 대해서 잘 판단하지 못했을까? 예수님의 문화에서, 사람은 다른 사람의 특성으로써 심리학적으로 판단하는 것이 아니라, 기대되었던 외적인 업적으로써 관념적으로 판단하였다. 그처럼 야고보와 요한은 제자도에 포함된 어떤 것도 할 수 있을 것이라고 믿었다(막 10:35-41).

> 베드로가 가로되 내가 주와 함께 죽을지언정 주를 부인하지 않겠나이다 하고 모든 제자도 이와 같이 말하니라.(마 26:35)

> 베드로가 여짜오되 다 버릴지라도 나는 그렇지 않겠나이다.(막 14:29)

> 저가 말하되 주여 내가 주와 함께 옥에도, 죽는데도 가기를 준비하였나이다.(눅 22:33)

그리고 궁극적으로 바울도 제자도를 위해서 요구된 어떤 것도 행할 수 있다고 믿는다. 왜냐하면 바울 자신이 우리에게 자신의 소명과 위임받은 명령(선지자, 사도로써)은 하나님으로부터 직접 왔으며 하나님께서 원하시는 것만 하기로 했다고 말한다.

> 그러나 내 어머니의 태로부터 나를 택정하시고 은혜로 나를 부르신 이가 그 아들을 이방에 전하기 위하여 그를 내 속에 나타내시기를 기뻐하실 때에 내가 곧 혈육과 의논하지 아니하고 또 나보다 먼저 사도된 자들을 만나려고 예루살렘으로 가지 아니하고.(갈 1:15-17)

오직 바울이 예수님과 함께 있었던 사람들을 확인해 보려 했던 때가 무려 14년이나 지난 후였다.

> 십사년 후에 내가 바나바와 함께 디도를 데리고 다시 예루살렘에 올라갔노니 계시를 인하여 올라가 내가 이방 가운데서 전파하는 복음을 저희에게 제출하되 유명한 자들에게 사사로이 한 것은 내가 달음질하는 것이나 달음질한 것이 헛되지 않게 하려 함이라.(갈 2:1, 2)

49
없어서는 안될 사람들 II

미해군은 종종 유대인 해군 장교들과 다른 간부 훈련을 도와준다. 양측이 의사 소통이 잘 되어야 하는 것이 당연한 일이다. 그런데 한 가지 문제가 반복해서 일어났다. 미군은 보고서 청사진 등의 형태로 된 정보가 지중해 연안 유대인 해군 간부들에게 보내어져서 다시 많은 간부들에게 전달되기를 원한다. 그렇지만, 이 정보가 제1차 정보 수신 장교에게서 더 이상 전달되지 않는 것이다. 많은 서구 군인들은 이에 대하여 아주 불쾌하게 생각했다. 분명히 제1차 지중해 연안 유대인 장교가 그 정보를 수신했다.
왜 제1차 정보 수신인은 다른 사람들에게 제공하지 않았을까?

없어서는 안될 사람이 되도록 대책을 세워라 II

제1차 정보 수신 장교는 받은 정보를 자기만 가지고 있음으로써 자신의 신분과 자존감과 통제권을 더 크게 하려고 한다. 다른 사람들에게는 그 정보를 알려 주지 않음으로써 그 정보에 대한 통제권을 더 키우게 된다. 정보를 가지고 있는 장교는 군대 조직에 있는 다른 모든 사람이 알 수 있는 것에 대해서도 접근할 수 있다. 다른 말로 하면, 그 장교는 조직 내에서 자기 권력과 지위를 향상시킨다.

대부분 지중해 연안 지역 유대인들은 다른 지중해 연안 유대인들에 대해서 외집단 일원들이다. 그런 것은 승진하려고 경쟁하는 같은 조직체의 일원들에게도 마찬가지이다. 세베대의 아들들이 가족 내집단 일원들로서 외집단이 되는 다른 제자들 보다 앞서기 위해서 경쟁을 할 수 있다.

> 세베대의 아들 야고보와 요한이 주께 나아와 여짜오되 선생님이여 무엇이든지 우리의 구하는 바를 우리에게 하여 주시기를 원하옵나이다. 이르시되 너희에게 무엇을 하여 주기를 원하느냐 여짜오되 주의 영광 중에서 우리를 하나는 주의 우편에, 하나는 좌편에 앉게 하여 주옵소서. 예수께서 가라사대 너희 구하는 것을 너희가 알지 못하는도다 너희가 나의 마시는 잔을 마시며 나의 받는 세례를 받을 수 있느냐 저희가 말하되 할 수 있나이다 예수께서 이르시되 너희가 나의 마시는 잔을 마시며 나의 받는 세례를 받으려니와 내 좌우편에 앉는 것은 나의 줄 것이 아니라 누구를 위하여 예비되었든지 그들이 얻을 것이니라 열 제자가 듣고 야고보와 요한에 대하여 분히 여기거늘.(막 10:35-41)

마태복음 20:20-28은 마가복음과 같이 끝을 맺으나 야고보와 요한의 어머니는 예수님에게 질문을 던진다. 누가복음은 그렇지 않다.

하나님으로부터 계시를 받아 그것을 간직하고 있는 사람들은 조직에 속한 다른 사람들이 알지 못하는 어떤 것을 알고 있다. 다른 말로 하면, 그것을 알고 있는 선지자는 그 조직 내에서 자기 권력과 지위를 향상시킨다. 그것이 갈라디아서 1:11-24에 나타난 대로 바울의 지위에서도 그렇다. 바울은 자기가 받은 계시를 어느 누구에게도 알리지 않는다. 도리어 3년 후에는 자기 사명이라고 믿고 시작한다(갈 1:18). 또 바울의 다른 계시에 있어서도 마찬가지다. 바울이 자기 집단 내에서 바울 자신의 유익을 위하여 감추고 드러내지 않는다.

> 무익하나마 내가 부득불 자랑하노니 주의 환상과 계시를 말하리라. 내가 그리스도 안에 있는 한 사람을 아노니 십사 년 전에 그가 셋째 하늘에 이끌려 간 자라(그가 몸 안에 있었는지 몸 밖에 있었는지 나는 모르거니와 하나님은 아시느니라). 내가 이런 사람을 아노니(그가 몸 안에 있었는지 몸 밖에 있었는지 나는 모르거 니와 하나님은 아시느니라). 그가 낙원으로 이끌려 가서 말할 수 없는 말을 들었으니 사람이 가히 이르지 못할 말이로다. 내가 이런 사람을 위하여 자랑하겠으나 나를 위하여는 약한 것들 외에 자랑치 아니하리라.(고후 12:1-5)

바로 이런 점 때문에 비밀을 지킨다. 다른 사람들에 정보를 알리지 않고 독점하는 사람들은 그 정보에 대한 통제권을 갖고, 그 정보에 관계된 사람들을 통제한다. 복음서에서 베드로, 야고보, 요한은 예수님의 변모에 대한 증인들이었다. 그 변모 사건은 모세와 엘리야, 율법과 선지자들보다 더 낫다는 탁월성을 강조해 주었다. 예수님은 마가복음과 마태복음에서 그 사건에 대해서 어느 누구에게도 말하지 말라고 했다.

> 저희가 산에서 내려올 때에 예수께서 경계하시되 인자가 죽은 자 가운데서 살아날 때까지는 본 것을 아무에게도 이르지 말라 하시니 저희가 이 말씀을 마음에 두며 서로 문의하되 죽은 자 가운데서 살아나는 것이 무엇일까 하고.(막 9:9-10)

> 저희가 산에서 내려올 때에 예수께서 명하여 가라사대 인자가 죽은 자 가운데서 살아나기 전에는 본 것을 아무에게도 이르지 말라 하시니.(마 17:9)

하지만 누가복음에서는 그들의 특혜 받은 지위에 대해서 설명하고자 했던 것이 그들 자신의 생각하였던 것 같다.

> 소리가 그치매 오직 예수만 보이시더라 제자들이 잠잠하여 그 본 것을 무엇이든지 그 때에는 아무에게도 이르지 아니하니라.(눅 9:36)

마태복음에서는 베드로가(개인적으로 혹은 야고보와 요한과 더불어) 수없이 많은 계시들을 받는 방법을 주목하라. 하나님으로부터 나오는 새 정보를 얻는 것이 통제되었던 것은 그가 그 집단의 지도자가 될 수 있는 자격의 일부였다.

50

자신의 견해를 가지라

예루살렘에 있는 유대인 조직체에서 2개월간 일을 한 빌 바어튼은 책임자에게 몇 가지 제안을 하기로했다. 빌은 유능한 현대인 책임자들도 새로운 아이디어를 구하기 위해서 브레인스토밍 방법을 사용했다는 것에 대해서 이야기를 나누었다.

빌은 토론 주제나 문제가 개진될 수 있을 것이라고 설명했다. 그러면 모든 사람들이 생각나는 모든 것을 말하고 그 중에서 가장 좋은 아이디어를 채택한다고 설명해 주었다.

사람들이 그 다음 날 오후 2시에 함께 모여 회사가 당면하고 있는 문제를 살피기 시작했다. 그들 모두는 문제를 깊이 생각해 보고 그 문제를 해결할 수 있는 최선의 방법에 대한 각자의 의견을 자발적으로 개진해야 한다는 말을 사전에 들었다. 하지만 실무 담당자들은 자발적으로 아무 말도 하지 않았다.

왜 브레인스토밍이 실패했을까?

실수들이 어느 한 사람 자신에게 있는 경우는 극히 드물다

지중해 연안 유대인들은 대체적으로 앞장서서 일하기를 싫어한다. 더욱이 지중해 연안 유대인들은 주도권과 결정내리는 것을 별로 중요한 것으로 생각하지 않는다. 그 이유는 유대인들은 종종 앞장서서 일하는 것보다 실수하지 않는 것에 따라 보상을 받거나 승진되기 때문이다. 조직체를 위해서 일할 때에 지중해 연안 유대인들은 결정을 내리거나 직접적인 충고를 하지 않으려고 애쓴다. 그렇게 해야 실수할 기회가 줄어들고 도리어 보상을 받거나 승진할 수 있는 더 좋은 기회를 얻게 된다.

이것을 종교적인 언어로 하자면 죄를 적게 범하는 것을 강조하는 것이라 할 수 있다. 상급은 악과 죄와 죄질 상황을 피하는 자에게 주어지는 것이지, 선을 행하며, 선을 더 잘 행하려고 앞장서서 일하는 자에게 주어지는 것이 아니다. 그들에게 있어서 성공적으로 사는 방법은 자기 신분을 유지하고, 신분 유지를 위해서 행하는 것이지 앞서서 뭘 하려는 것이 아니다. 그렇게 신분 유지하는 방법은 필수적으로 실수를 하지 않거나, 실수로 간주될 수 있는 일을 피하는 것이다. 최대의 사회적 분리와 최소의 외집단 개입은 당시의 규칙이었다. 그런 관점에서 바리새인에 대한 예수님의 비유와 통행세 징수인(세리)을 생각하라.

> 또 자기를 의롭다고 믿고 다른 사람을 멸시하는 자들에게 이 비유로 말씀하시되 두 사람이 기도하러 성전에 올라가니 하나는 바리새인이요 하나는 세리라 바리새인은 서서 따로 기도하여 가로되 하나님이여 나는 다른 사람들 곧 토색, 불의, 간음을 하는 자들과 같지 아니하고 이 세리와도 같지 아니함을 감사하나이다 나는 이레에 두번씩 금식하고 또 소득의 십일조를 드리나이다 하고세리는 멀리 서서 감히 눈을 들어 하늘을 우러러 보지도 못하고 다만 가슴을 치며 가로되 하나님이여 불

> 쌍히 여기옵소서 나는 죄인이로소이다 하였느니라내가 너희에게 이르노니 이 사람이 저보다 의롭다 하심을 받고 집에 내려갔느니라 무릇 자기를 높이는 자는 낮아지고 자기를 낮추는 자는 높아지리라 하시니라.(눅 18:9-14)

이 이야기 속에서 바리새인에게는 아무 잘못도 없다. 바리새인은 하나님과 동료 내집단 일원에 대한 자신의 책임을 다하고 있다. 통행세 징수인은 자기 잘못을 열거하는 수고도 하지 않는다. 이 이야기에서 바리새인은 보수적이다. 앞서서 일하지도 않고, 단지 신분을 유지하는 행동만 할 뿐이다. 실수하거나 죄가 될만한 것은 아무 것도 하지 않는다. 통행세 징수인은 잘못을 저지르지만 한편으로는 다소 옳은 일도 하는 사람으로서 단지 자신의 일을 수행하기 위해서는 적극적으로 앞서서 일하는 사람이다. 바리새인은 소극적이며, 징수인은 적극적이다. 징수인과 같은 행동은 지중해 연안 유대 문화권에서 보기 드물다.

실수하는 것을 피하는 것을 강조하는 문화는 사람의 드러나지 아니한 죄를 강조하는 것과 닮았다. 레위기 4장과 5장은 이 문제를 시편에서 살펴볼 수 있다: "이스라엘 자손에게 고하여 이르라 누구든지 여호와의 금령 중 하나라도 그릇 범하였으되." 그리고 시편 기자는 이렇게 읊었다: "자기 허물을 능히 깨달을 자 누구리요 나를 숨은 허물에서 벗어나게 하소서"(시 19:12).

51
사람을 아는 것이 중요하다

드류 멕아우리는 1세기 베뢰아에서 공장을 운영하고 있었다. 그는 자기 회사에 대형 전기 기계 하나가 절실히 필요했다. 그 기계가 가이사랴 항구에 도착했을 때, 베뢰아 공장까지 옮기려고 온갖 애를 다 썼다. 필요한 절차를 밟는 데 서른 두명의 관리를 거쳐야 했다. 드류는 해당 책임자들에게 설명하고 서류에 서명을 받느라고 많은 시간을 소비했다. 하지만 얼마 후 친구에게 그가 겪은 행정적인 불편은 아주 정상적는 것을 자기 친구들에게서 듣고 알게 되었다.

왜 드류는 그 기계를 옮기는 데 필요한 허락을 받느라고 어려움을 겪게 되었는가?

책임을 회피하기 쉽다

지중해 연안 유대인들은 책임 맡기를 꺼려한다. 결과적으로 아무도 드류에게 수입된 기계가 옮겨지도록 허락해 주기를 원치 않았던 것이다. 만일 어느 누가 책임을 지고 허락해 주었다면, 변덕스런 상관은 자기가 허락해 줄 수 있었다는 이유를 들어서 그 허락한 사람을 문책하려 할 것이다. 혹은 그 결정이 잘못된 것일 수도 있다. 유대에서는 사람들이 얼마나 효율적인 결정을 내렸는가 보다는 저지른 실수가 얼마나 적으냐에 따라서 진급되기 때문이다. 지중해 연안 유대인 사회에서는 상관에게 부정적인 인식을 얻을 수 있는 어떤 공적으로 주목을 받을 만한 행동에 대해서 허락을 내릴 수 있는 권위를 가진 사람은 아무도 없다. 황제나 왕의 행정 관료직에 있는 많은 사람들은 자신들이 내린 판단이 상관에게 기각되어서 결국 그 조직에서 짤리게 될까봐 두려워한다. 특히 이런 문제는 1세기 지중해 연안 세계에서 있었던 사실이다.

이러한 문화의 특징은 집단이 책임을 떠맡는 것이(돌을 던지거나 군중 재판) 그 배후에 있다. 돌을 던지는 것에 있어서, 모두가 돌을 던짐으로써 그 범죄자를 개인적으로 죽이는 것이 아니라는 것이다. 만일 집단이 책임을 떠맡으면 아무 개인도 심판하는 데 있어서 위험 부담을 질 필요가 없게 된다.

그렇게 하여 권위를 가진 개인이 위험하지 않게 된다. 그러므로 레위기의 율법은 집단인 사람들로 하여금 어린 아이를 제물로 드린자, 점성술을 행한자, 혹은 하나님을 저주하고 모욕한 자에게 돌을 던지도록 한다.

> 너는 이스라엘 자손에게 또 이르라 무릇 그가 이스라엘 자손이든지 이스라엘에 우거한 타국인이든지 그 자식을 몰렉에게 주거든 반드시 죽이되 그 지방 사람이 돌로 칠 것이요.(레 20:2)

남자나 여자가 신접하거나 박수가 되거든 반드시 죽일지니 곧 돌로 그를 치라 그 피가 자기에게로 돌아가리라.(레 20:27)

여호와께서 모세에게 일러 가라사대, 저주한 사람을 진 밖에 끌어내어 그 말을 들은 모든 자로 그 머리에 안수하게 하고 온 회중이 돌로 그를 칠지니라. 너는 이스라엘 자손에게 고하여 이르라 누구든지 자기 하나님을 저주하면 죄를 당할 것이요. 여호와의 이름을 훼방하면 그를 반드시 죽일지니 온 회중이 돌로 그를 칠 것이라. 외국인이든지 본토인이든지 여호와의 이름을 훼방하면 그를 죽일지니라.(레 24:13-16)

신명기는 안식일을 범하였다고 돌을 던져야 했던 한 사건에 대해서 보고하고 있다.

이스라엘 자손이 광야에 거할 때에 안식일에 어떤 사람이 나무하는 것을 발견한지라 그 나무하는 자를 발견한 자들이 그를 모세와 아론과 온 회중의 앞으로 끌어왔으나 어떻게 처치할는지 지시하심을 받지 못한 고로 가두었더니 여호와께서 모세에게 이르시되 그 사람을 반드시 죽일지니 온 회중이 진 밖에서 돌로 그를 칠지니라.(민 15:32-35)

또한 신명기는 다른 신을 숭배를 하도록 미혹한 사람, 부모의 요청을 듣지 않고 반항하는 아들(신 21:18-21), 성적인 타락(신 22:13-33) 등의 경우에 돌을 던지라고 한다.

네 동복 형제나 네 자녀나 네 품의 아내나 너와 생명을 함께 하는 친구가 가만히 너를 꾀어 이르기를, 너와 네 열조가 알지 못하던 다른 신들 곧 네 사방에 둘러있는 민족 혹 네게서 가깝든지 네게서 멀든지 땅 이 끝에서 저 끝까지 있는 민족의 신들을 우리가 가서 섬기자 할지라도, 너는 그를 좇지 말며 듣지 말며 긍휼히 보지 말며 애석히 여기지 말며 덮어 숨기지 말고, 너는 용서 없이 그를 죽이되 죽일 때에 네가 먼저 그에게 손을 대고 후에 뭇 백성이 손을 대라. 그는 애굽 땅 종되었던 집에서 너를 인도하여 내신 네 하나님 여호와에게서 너를 꾀어 떠나게 하려 한 자니 너는 돌로 쳐죽이라.(신 13:6-10)

네 하나님 여호와께서 네게 주시는 어느 성중에서든지 너의 가운데 혹시 어떤 남자나 여자가 네 하나님 여호와의 목전에 악을 행하여 그 언약을 어기고 가서 다른 신들을 섬겨 그것에게 절하며 내가 명하지 아니한 일월성신에게 절한다 하자 혹이 그 일을 네게 고하므로 네가 듣거든 자세히 사실하여 볼지니 만일 그 일과 말이 확실하여 이스라엘 중에 이런 가증한 일을 행함이 있으면 너는 그 악을 행한 남자나 여자를 네 성문으로 끌어내고 돌로 그 남자나 여자를 쳐죽이되.(신 17:2-5)

여호수아가 이스라엘 모든 사람으로 더불어 세라의 아들 아간을 잡고 그 은과 외투와 금덩이와 그 아들들과 딸들과 소들과 나귀들과 양들과 장막과 무릇 그에게 여호수아서에는 유다 지파의 족장 아간과 그 집단에 관한 사건 하나가 실려 있다. 그는 "하나님께 바쳐진" 몇 가지 전리품을 훔쳤다. 그러나 그 땅 거민들이 공격해 와서 그 전리품을 파괴해 버렸다. 아간이 하나님을 불순종했기 때문이다.

여호수아가 이스라엘 모든 사람으로 더불어 세라의 아들 아간을 잡고 그 은과 외투와 금덩이와 그 아들들과 딸들과 소들과 나귀들과 양들과 장막과 무릇 그에게 속한 모든 것을 이끌고 아골 골짜기로 가서, 여호수아가 가로되 네가 어찌하여 우리를 괴롭게 하였느뇨? 여호와께서 오늘날 너를 괴롭게 하시리라 하니 온 이스라엘이 그를 돌로 치고 그것들도 돌로 치고 불사르고, 그 위에 돌무더기를 크게 쌓았더니 오늘날까지 있더라. 여호와께서 그 극렬한 분노를 그치시니 그러므로 그곳 이름을 오늘날까지 아골 골짜기라 부르더라.(수 7:24-26)

한 집주인과 포도원의 비유에서, 우리는 "농부들이 종들을 잡아 하나는 심히 때리고 하나는 죽이고 하나는 돌로 쳤거늘"(마 21:35)이라는 표현을 볼 수 있다. 그리고 예수님께서 예루살렘에 대해 애통해 하면서 "예루살렘아 예루살렘아 선지자들을 죽이고 네게 파송된 자들을 돌로 치는 자여 암탉이 그 새끼를 날개 아래 모음같이 내가 네 자녀를 모으려 한 일이 몇 번이냐 그러나 너희가 원치 아니하였도다"(마 23:37; 눅 13:34)라고 했다.

요한은 자주 예수님께서 반대자들에 의해서 신성 모독이라는 이유 때문에 돌을 맞을 직전까지 갔다고 말했다.

> 예수께서 대답하시되 내가 내게 영광을 돌리면 내 영광이 아무것도 아니어니와 내게 영광을 돌리시는 이는 내 아버지시니 곧 너희가 너희 하나님이라 칭하는 그이시라. 너희는 그를 알지 못하되 나는 아노니 만일 내가 알지 못한다 하면 나도 너희같이 거짓말쟁이가 되리라 나는 그를 알고 또 그의 말씀을 지키노라. 너희 조상 아브라함은 나의 때 볼 것을 즐거워하다가 보고 기뻐하였느니라. 유대인들이 가로되 네가 아직 오십도 못되었는데 아브라함을 보았느냐? 예수께서 가라사대 진실로 진실로 너희에게 이르노니 아브라함이 나기 전부터 내가 있느니라 하시니 저희가 돌을 들어 치려 하거늘 예수께서 숨어 성전에서 나가시니라.(요 8:54-59)

> 나와 아버지는 하나이니라 하신대 유대인들이 다시 돌을 들어 치려 하거늘 예수께서 대답하시되 내가 아버지께로 말미암아 여러 가지 선한 일을 너희에게 보였거늘 그 중에 어떤 일로 나를 돌로 치려하느냐? 유대인들이 대답하되 선한 일을 인하여 우리가 너를 돌로 치려는 것이 아니라 참람함을 인함이니 네가 사람이 되어 자칭 하나님이라 함이로라. 예수께서 가라사대 너희 율법에 기록한 바 내가 너희를 신이라 하였노라 하지 아니하였느냐? 성경은 폐하지 못하나니 하나님의 말씀을 받은 사람들을 신이라 하셨거든 하물며 아버지께서 거룩하게

하사 세상에 보내신 자가 나는 하나님 아들이라 하는 것으로 너희가 어찌 참람하다 하느냐? 만일 내가 내 아버지의 일을 행치 아니하거든 나를 믿지 말려니와 내가 행하거든 나를 믿지 아니할지라도 그 일은 믿으라 그러면 너희가 아버지께서 내 안에 계시고 내가 아버지 안에 있음을 깨달아 알리라 하신대.(요 10:30-38)

그 후에 제자들에게 이르시되 유대로 다시 가자 하시니, 제자들이 말하되 랍비여 방금도 유대인들이 돌로 치려 하였는데 또 그리로 가시려 하나이까? 예수께서 대답하시되 낮이 열두 시가 아니냐 사람이 낮에 다니면 이 세상의 빛을 보므로 실족하지 아니하고. 밤에 다니면 빛이 그 사람 안에 없는 고로 실족하느니라.(요 11:7-10)

누가복음에 예수님께 도전하는 예루살렘 당국자들이 예루살렘 시민들을 두려워한다: "만일 사람에게로서라 하면 백성이 요한을 선지자로 인정하니 저희가 다 우리를 돌로 칠 것이라 하고"(눅 20:6). 사도행전에서도 백성들에 대한 유사한 두려움이 베드로와 요한을 막아준다: "사람이 와서 고하되 보소서 옥에 가두었던 사람들이 성전에 서서 백성을 가르치더이다 하니, 성전 맡은 자가 관속들과 같이 가서 저희를 잡아왔으나 강제로 못함은 백성들이 돌로 칠까 두려워함이러라"(행 5:25-26). 사도행전에는 돌 던지는 사건들이 많이 있다. 스데반(7:58)으로부터 시작하여 몇 형제들(두 사도, 14:5)와 바울(14:9)이다. 군중 재판 중에 가장 유명한 재판은 예수님의 정죄와 죽음에 관한 보고문에 나타나 있는 예루살렘의 유대인 거민들의 군중 재판이다(마 27:15-26).

집단 전체와 군중 전체가 복음서에서 어떻게 말하는지 살펴보라. 물론 이런 일이 실제 생활에서는 결코 일어나지 않는다. 하지만 위의 성경 기자들이 한 가지 진술을 어느 한 집단이나 군중에게 돌려서 증언한다. 아무 개인도 갑자기 떠오른 아이디어를 표현하지 않지만 오히려 전체가 결정한다는 관점을 증언해 준다. 다음에 나오는 실례는 다른 신약 성경도 증명해 주지만 특별히 마태복음에서 나온 것이다. 그리고 모든 말하는 집단은 다음 장면에서 보듯이 하나의 내집단을 조성한다.

그 제자들이 나아와 깨우며 가로되 주여 구원하소서 우리가 죽겠나이다.(마 8:25)

그 때에 요한의 제자들이 예수께 나아와 가로되 우리와 바리새인들은 금식하는데 어찌하여 당신의 제자들은 금식하지 아니하나이까.(마 9:14)

이에 예수께서 무리를 떠나사 집에 들어가시니 제자들이 나아와 가로되 밭의 가라지의 비유를 우리에게 설명하여 주소서.(마 13:36)

배에 있는 사람들이 예수께 절하며 가로되 진실로 하나님의 아들이로소이다 하더라.(마 14:33)

이에 제자들이 나아와 가로되 바리새인들이 이 말씀을 듣고 걸림이 된 줄 아시나이까.(마 15:12)

제자들이 서로 의논하여 가로되 우리가 떡을 가져오지 아니하였도다 하거늘.(마 16:7)

제자들이 듣고 심히 놀라 가로되 그런즉 누가 구원을 얻을 수 있으리이까.(마 19:25)

예수께서 예루살렘에 들어가시니 온 성이 소동하여 가로되 이는 누구뇨 하거늘.(마 21:10)

제자들이 보고 이상히 여겨 가로되 무화과 나무가 어찌하여 곧 말랐나이까.(마 21:20)

자기 제자들을 헤롯 당원들과 함께 예수께 보내어 말하되 선생님이여 우리가 아노니 당신은 참되시고 참으로써 하나님의 도를 가르치시며 아무라도 꺼리는 일이 없으시니 이는 사람을 외모로 보지 아니하심이니이다.(마 22:16)

예수께서 감람산 위에 앉으셨을 때에 제자들이 종용히 와서 가로되 우리에게 이르소서 어느 때에 이런 일이 있겠사오며 또 주의 임하심과 세상 끝에는 무슨 징조가 있사오리이까.(마 24:3)

제자들이 보고 분하여 가로되 무슨 의사로 이것을 허비하느뇨.(마 26:8)

무교절의 첫날에 제자들이 예수께 나아와서 가로되 유월절 잡수실 것을 우리가 어디서 예비하기를 원하시나이까.(마 26:17)

가시 면류관을 엮어 그 머리에 씌우고 갈대를 그 오른손에 들리고 그 앞에서 무릎을 꿇고 희롱하여 가로되 유대인의 왕이여 평안할지어다 하며.(마 27:29)

그와 같이 대제사장들과 서기관들과 장로들도 함께 희롱하여 가로되 저가 남은 구원하였으되 자기는 구원할 수 없도다 저가 이스라엘의 왕이로다. 지금 십자가에서 내려올지어다. 그러면 우리가 믿겠노라. 저가 하나님을 신뢰하니 하나님이 저를 기뻐하시면 이제 구원하실지라 제 말이 나는 하나님의 아들이라 하였도다 하며.(마 27:41-43)

52

자신의 신분을 항상 기억하라

시므온 벤 라파엘은 지중해 연안 유대인 내과 의사였다. 그는 서구에서 수련을 받고 경험을 쌓았다. 그리하여 약물 중독 전문의가 되었다. 유대로 돌아 와 병원에서 오랫동안 근무하고 있는 연로한 한 선배 의사 밑에서 일하게 되었다. 일을 시작한 그 이튿날 병원에 방문 온 현대인 의사 한 사람을 만났다. 그리고 그들은 병원 주변을 함께 돌아보았다. 그들이 돌아보는 동안, 현대인 의사는 지중해 연안 유대인 의사가 선배 의사가 준 처방전을 읽고 있는 것을 보았다. 젊은 유대인 의사가 보기에 그 처방전에 틀린곳이 있었고 환자에게도 위험한 것이 있었지만, 그는 선배 의사가 내려준 처방을 고치지 않았다. 그 현대인 의사는 그를 비윤리적이라고 생각했다.
시므온 벤 라파엘의 행동을 어떻게 이해할 수 있을까?

상사는 항상 옳다

지중해 연안 유대인들은 상관과 대립하는 것을 대단히 부끄러운 행위로 간주한다. 한 사람이 상관과 대립하는 행동 때문에 수치당하는 것보다 차라리 당장 고통당하고 죽는 것이 더 낫다고 생각한다. 그 상관이 겪어야 하는 수치는 잘못된 것이라는 판정을 받게 된다는 것을 염두에 두라. 그리고 더욱이 앞서 지적된 바와 같이 지중해 연안 유대인들은 주도권을 쥐거나 제안을 할 필요가 없다. 이런 사실은 실수를 하지 않음으로써 상급을 받는다는 사실에서 나온다. 결정내리지 않음으로써 실수할 기회는 줄어들고 승진의 기회는 많아진다. 이런 원칙을 염두에 두고 다음의 비유를 생각해 보라.

> 저희가 이 말씀을 듣고 있을 때에 비유를 더하여 말씀하시니 이는 자기가 예루살렘에 가까이 오셨고 저희는 하나님의 나라가 당장에 나타날 줄로 생각함이러라. 가라사대 어떤 귀인이 왕위를 받아 가지고 오려고 먼 나라로 갈 때에 그 종 열을 불러 은 열 므나를 주며 이르되 내가 돌아오기까지 장사하라 하니라. 그런데 그 백성이 저를 미워하여 사자를 뒤로 보내어 가로되 우리는 이 사람이 우리의 왕 됨을 원치 아니하노이다 하였더라. 귀인이 왕위를 받아 가지고 돌아와서 은 준 종들의 각각 어떻게 장사한 것을 알고자 하여 저희를 부르니 그 첫째가 나아와 가로되 주여 주의 한 므나로 열 므나를 남겼나이다. 주인이 이르되 잘하였다 착한 종이여 네가 지극히 작은 것에 충성하였으니 열 고을 권세를 차지하라 하고 그 둘째가 와서 가로되 주여 주의 한 므나로 다섯 므나를 만들었나이다. 주인이 그에게도 이르되 너도 다섯 고을을 차지하라 하고 또 한 사람이 와서 가로되 주여 보소서 주의 한 므나가 여기 있나이다. 내가 수건으로 싸두었나이다. 이는 당신이 엄한 사람인 것을 내가 무서워함이라 당신은 두지 않은 것을 취하고 심지 않은 것을 거두나이다. 주인이 이르되 악한 종아 내가 네 말로 너를

판단하노니 너는 내가 두지 않은 것을 취하고 심지 않은 것을 거두는 엄한 사람인 줄을 알았느냐? 그러면 어찌하여 내 은을 은행에 두지 아니하였느냐? 그리하였으면 내가 와서 그 변리까지 찾았으리라 하고 곁에 섰는 자들에게 이르되 그 한 므나를 빼앗아 열 므나 있는 자에게 주라 하니 저희가 가로되 주여 저에게 이미 열 므나가 있나이다. 주인이 가로되 내가 너희에게 말하노니 무릇 있는 자는 받겠고 없는 자는 그 있는 것도 빼앗기리라. 그리고 나의 왕됨을 원치 아니하던 저 원수들을 이리로 끌어다가 내 앞에서 죽이라 하였느니라.(눅 19:11-27)

우선 그 왕이 아주 엄하고 악하다는 것을 먼저 염두해 두어야 한다. 그는 다른 사람들을 착취하고 자기 원수들의 불행을 고소한 듯이 바라보고 자기 앞에서 죽임 당하는 것을 보고 즐거워한다. 처음에 나오는 두 종은 그 왕과 같은 수준이다. 그 왕은 다른 사람들을 이용해 먹으므로 사악한 것은 왕과 마찬가지다. 그런데도 그 때문에 상급을 받았다. 그 문화권과 일치하는 행동은 세번째 나오는 종의 행동이다. 그는 왕이 떠나기 전에 했던 방식으로 하여 관리 임무 수행에 있어서 매우 충실하였다. 어떠한 주도권도 취하지 않고 위험 부담도 지지 않았다. 그 때문에 그는 벌을 받았다.

이 비유는 예수님의 여러 비유 중 하나이다. 이 비유는 하나님께 버림받거나 부도덕한 사람들이 살았던 삶의 한 단면을 보여준다. 이것은 "주의 날이 밤에 도적같이 이를 줄을 너희 자신이 자세히 앎이라"(살전 5:2)고 하는 말씀과 다르다. 이것은 우리로 하여금 그런 비유들의 핵심을 설명하려는 시점에서 너무 멀리 떨어지게 한다. 그렇지만 하나님이나 주님은 그 도둑과 동일시될 수 없다는 것은 분명하다. 그 도둑의 행위는 우리가 따라야 할 본보기도 아니다. 도둑이 집으로 쳐들어오는 것은 갑작스럽고 무작위적이며 예상치 못하는 것이라고 그 격언에서 강조하였다. 예를 들면,

라반은 자기 딸들이 출생 순서에 따라서 결혼하기를 원한다. 라반이 말하기를 "형보다 아우를 먼저 주는 것은 우리 지방에서 하지 아니하는 바이라"(창 29:26)고 했다. 장남들이 다른 아들보다 앞서는 것과 같다.

> 그들이 요셉의 앞에 앉되 그 장유의 차서대로 앉히운바 되니 그들이 서로 이상히 여겼더라.(창 43:33)

출애굽기에 장자 우선에 대한 이야기가 너무나 잘 알려져 있다. 이는 마치 논리적으로 예수를 메시아로 인정하는 말씀과 같다.

> 하나님이 미리 아신 자들로 또한 그 아들의 형상을 본받게 하기위하여 미리 정하셨으니 이는 그로 많은 형제 중에서 맏아들이 되게 하심이니라.(롬 8:29)

> 그는 보이지 아니하시는 하나님의 형상이요 모든 창조물보다 번저 나신 자니.(골 1:15)

> 그는 몸인 교회의 머리라 그가 근본이요 죽은 자들 가운데서 먼저 나신 자니 이는 친히 만물의 으뜸이 되려 하심이요.(골 1:18)

> 또 충성된 증인으로 죽은 자들 가운데서 먼저 나시고 땅의 임금들의 머리가 되신 예수 그리스도로 말미암아 은혜와 평강이 너희에게 있기를 원하노라…(계 1:5)

노인을 공경하라고 19:32에 "너는 센 머리 앞에 일어서고 노인의 얼굴을 공경하며 네 하나님을 경외하라 나는 여호와니라"고 하고 있다. 노인은 옛날의 지혜를 알고 있으며 삶의 기준을 주는 분으로 그 귀중함을 인정하고 있다.

늙은 자들아
너희는 이것을 들을지어다
땅의 모든 거민아
너희는 귀를 기울일지어다
너희의 나에나 너희 열조의 날에
이런 일이 있었느냐(욜 1:2-3)

초대 교회의 지도자들은 노인들과 같은 수준으로 공경을 받았다. "늙은이를 꾸짖지 말고 권하되 아비에게 하듯 하며…늙은 여자를 어미에게 하듯 하며…"(딤전 5:1-2). 한편, 늙은이들은 젊은 이들과 다툼으로써 그들의 명예가 실추된다. 공경심이란 그저 단순히 젊은 이들로부터 나오는 것은 아니다.

지각없고 어리석은 노인이나
젊은이들과 타투는 늙은이를 깨우쳐 주는 것을 부끄러워 말라.
그렇게 하면 너는 지혜롭고 참다운 사람으로 인정되고
모든 사람이 너를 칭송할 것이다.(집회서 42:8).

집회서는 다음과 같이 충고하고 있다.

노인들의 말을 소홀히 듣지 말라.
그들은 그 말을 조상으로 배웠다.
네가 그들에게 현명함을 배울 것이요,
필요할 때 적절히 대답하는 것을 배울 것이다
(집회서 8:9)

젊었을 때에 아무것도 모아두지 않는다면
늙어서 어떻게 하여 찾을 수 있겠는가.
(현명한) 판단은 백발의 노인에게

좋은 책략을 분별하는 것은 고로(古老)에게 어울리는 일이다.
지혜는 노인에게
사려와 충고는 면사에게 어울리는 일이다.
노인의 명예는 오랜 세월을 걸쳐 쌓은 인생의 체험이고
그들의 자랑은 주님을 경외하는 마음이다.
(집회서 25:3-6)

그 당시에서 젊은 전문 지식이나 관료가 자기보다 높은 지위에 있는 사람이나, 늙은이들이나, 혹은 상관에게 반론을 제기한다는 것은 자신의 지위가 상당히 상승한다는 의미가 된다.

53

친구들을 더 많이 사귀라

페트와 마이크는 장교로서 예루살렘 외곽 부대에 근무하고 있었다. 두 사람은 지역 지중해 연안 유대인 군인들과 함께 많은 업무를 처리해야 했다. 연합으로 기획을 하기도 하며 여러 가지 훈련도 해야 했다. 마이크는 페트가 아람어를 배워서 지중해 연안 유대인들에게 인사도 하고 안부도 묻는 것을 보았다. 그리고 페트가 가끔 지중해 연안 유대인들에게 담배를 주거나 도와주는 것을 보았다.

반대로, 마이크는 어떻게 해서든지 자기 계급을 유지하고 침착하게 행동하려고 했다. 자기가 만약 그렇게 행동하지 않으면, 사람들이 자기를 존경하지 않을 것이라고 생각했다. 하지만 결과는 페트가 이끄는 팀이 마이크가 이끄는 팀보다 좋았다. 페트는 줄기차게 사람들을 해변으로 초청하거나 식사에 초대했다. 이 모든 것 때문에 마이크는 혼돈스러웠다.

왜 페트의 집단이 항상 마이크의 집단보다 더 잘했을까?

모든 내집단의 관계는 개인적인 관계이다

페트는 지중해 연안 유대인 군인들에게 관심을 쏟고 그들의 언어와 관습을 배워 지중해 연안 유대인들이 지도자에게 기대하는 행동을 하였다. 그리하여 그들은 페트를 위해서 열심히 일하고 싶었다. 유대에서 책임자와 부하 직원 간의 관계는 서구에서보다 훨씬 개인적이다. 페트는 지중해 연안 유대인 군인들에게 관심을 쏟음으로써 좋은 지도자와 친구라는 평판을 얻었다. 말하자면, 그 군인들은 페트를 자기 내집단의 일원으로 생각했던 것이다. 이 때문에 그는 많은 사교 모임에 초대를 받기도 했다. 지도자가 신분을 유지하기 위해서 다소 떨어져 있는 것이 필요하다. 그럼에도 불구하고 페트는 자기 직원들에게 관심을 보여주어야 할 필요가 있었다. 페트가 관심을 나타내면서도 동시에 신분을 유지할 수 있는 능력이 분명히 있었다. 이것은 내집단 관계들은 개인적인 관계라는 것을 실증해 보이는 것이다.

이같은 상황에서, 그리스도인 책임자들(주교들)과 관리자(집사들)의 자격 요건을 생각해 보라. 디모데서에 나타난 요건은 로마 장군의 자격 요건과 비슷하다. 그들의 임무는 출세가 보장되어 있고 군사 훈련을 받는 가문이 좋은 엘리트 젊은이들의 교사로서 섬기는 것이었다.

> 감독은 하나님의 청지기로서 책망할 것이 없고 제 고집대로 하지 아니하며 급히 분내지 아니하며 술을 즐기지 아니하며 구타하지 아니하며 더러운 이를 탐하지 아니하며 오직 나그네를 대접하며 선을 좋아하며 근신하며 의로우며 거룩하며 절제하며 미쁜 말씀의 가르침을 그대로 지켜야 하리니 이는 능히 바른 교훈으로 권면하고 거스려 말하는 자들을 책망하게 하려 함이라 복종치 아니하고 헛된 말을 하며 속이는 자가 많은 중 특별히 할례당 가운데 심하니 저희의 입을 막을 것이라 이런

> 자들이 더러운 이를 취하려고 마땅치 아니한 것을 가르쳐 집들을 온통 엎드러치는도다.(딛 1:7-11)

고대 지중해 연안 세계에서는 바울이나 후-바울 서신 작가들에 대한 분석가들의 경향은 친족 관계의 집단으로서 로마 제국의 사회적 정서를 보는 것이었다. 그리하여 제국의 지도자들과의 관계를 아버지와 가족 구성원들과의 관계와 거의 비슷하였다.

> 각 사람은 위에 있는 권세들에게 굴복하라 권세는 하나님께로 나지 않음이 없나니 모든 권세는 다 하나님의 정하신 바라… 그러므로 굴복하지 아니할 수 없으니 노를 인하여만 할 것이 아니요 또한 양심을 인하여 할 것이라.(롬 13:1-5)

> 인간에 세운 모든 제도를 주를 위하여 순복하되 혹은 위에 있는 왕이나, 혹은 악행하는 자를 징벌하고 선행하는 자를 포장하기 위하여 그의 보낸 방백에게 하라.(벧전 2:13)

그렇지만 실제로 기독교 공동체의 책임자들은 로마 제국의 지도자들처럼 어떠한 법적인 지위를 보장받지 못했다. 그 지도자들의 권위는 실제로 법적인 권위를 갖고 있었던 가족의 아버지의 권위와는 달랐다. 그럼에도 불구하고, 친족 관계는 기독교 집단에서의 역할을 이해하는 데 필요한 하나의 양식이 된다. 그러므로 책임은 있으나 권한은 없는 가정에서의 남자의 주요 역할은 어머니의 형제(라틴어-*avunculus*; 독일어-*oheim*; 중세 영어-Em)의 역할이 되었다. "형제들," "자매들"이라는 가공의 혈통 집단에서 기독교 리더십을 발휘하는 데 필요한 것은 어머니 형제의 역할과 신분이었다.

> 형제들아 스데바나의 집은 곧 아가야의 첫 열매요 또 성도 섬기기로 작정한 줄을 너희가 아는지라 내가 너희를 권하노니

이같은 자들과 또 함께 일하며 수고하는 모든 자에게 복종하라.(고전 16:15-16)

젊은 자들아 이와 같이 장로들에게 순복하고 다 서로 겸손으로 허리를 동이라 하나님이 교만한 자를 대적하시되 겸손한 자들에게는 은혜를 주시느니라.(벧전 5:5)

그러나 확대된 가족에는 결혼한 아들들 뿐 아니라 종들도 포함되었다.

아내들아 남편에게 복종하라 이는 주 안에서 마땅하니라 남편들아 아내를 사랑하며 괴롭게 하지 말라 자녀들아 모든 일에 부모에게 순종하라 이는 주 안에서 기쁘게 하는 것이니라 아비들아 너희 자녀를 격노케 말지니 낙심할까 함이라 종들아 모든 일에 육신의 상전들에게 순종하되 사람을 기쁘게 하는 자와 같이 눈 가림만 하지 말고 오직 주를 두려워하여 성실한 마음으로 하라 무슨 일을 하든지 마음을 다하여 주께 하듯 하고 사람에게 하듯 하지 말라 이는 유업의 상을 주께 받을 줄 앎이니 너희는 주 그리스도를 섬기느니라.(골 3:18-24; 참조 엡 5:22-6:9)

초기 기독교 저작에서 "순종하라"는 말은 부모와 주인들에게 순종해야 하는 자녀들과 종들에게만 해당되는 것이라 사실을 알 수 있다. 또한 그 단어는 하나님과 관련된 모든 인간에게 적용된다. 우리 모두는 하나님께 순종해야 한다.

54

작은 것이 아름답다

노르만 스콜렌비은 경영학 박사 학위 과정을 공부하고 있었다. 조직 구조내에 있는 문화적 차이들을 살펴보는 것이 논문 소제로 좋겠다고 생각했다. 드디어 서구의 대 조직과 지중해 연안 유대인 조직을 비교하기로 결정하였다. 시작의 단계로서 먼저 지중해 연안 유대인 조직을 살피기 위해서 직접 여행을 하지 않으면 안되었다. 몇몇 조직을 분석해 보고 노르만은 두 가지 분명한 차이를 보고 깜짝 놀라게 되었다:

1. 서구 사회에 비해서 지중해 연안 세계에는 "대형" 기업이 없었다.
2. 지중해 연안 유대인 회사에는 "중간 경영진"이라는 개념조차 없었다. 사장과 직원만이 있었다.

이 때문에 노르만은 한달을 더 체류하면서 그 차이에 대한 문화적인 사연을 이해하기 시작하였다.

그 차이에 대한 문화적인 사연이란 무엇일까?

경제와 종교는 친척 관계와 정치에 깊이 관련되어 있다

가족 사업은 오랫동안 유대의 전통이었다. 그것은 다른 모든 지중해 연안 세계에서도 마찬가지다. 그런 개념은 최근에도 별로 바뀌지 않고 있다. 내집단과 외집단으로 보는 사회 이해와 유대에서의 내부 외집단간의 치열한 경쟁은 큰 회사들로 하여금 관리하기 어렵게 만드는 경향이 있다. 가족 사업은 지중해 연안 경제를 좌우했다. 그 이유는 그런 사업들이 단지 내집단 일원들(그 가족이 당연히 우선된 내집단이 된다)에 의해서 경영되기 때문이다. 더욱이 지중해 연안 유대인 고용주들은 자기 가족이 아닌 사람들을 "중간 경영진"이라 할 수 있는 자리에 포진시키려 하지 않는 경향이 강하다. 결론적으로 중간 경영진은 사실상 고대 유대에서 존재하지 않았다. 그리고 그런 중간 경영진들을 두었던 로마 제국 기업들과 판이하게 다르다.

대체적으로, 지중해 연안인들의 사업은 가족이나, 혹은 도시국가에서부터 시작하여 왕국에 이르기까지 정부와 깊은 관련이 있었다. 다른 말로 하자면, 전통적으로 지중해 연안의 사업은 국내 경제와 정치적 경제 이 두가지를 대변해 주었다. 그러나 자유롭고 독립적인 사회 기구로 이해될 만한 "경제 기구"는 없다. 이 말은 정부 주도의 사업들(예를 들면, 오늘날의 철도, 석유 수출입, 제철소, 식품 수입, 라디오, 텔레비전, 학교 등)과는 다른 것이라는 뜻이다. 그러므로 대형의 사유화된 기업들은 없다. 사실상, 대형의 사유화된 기업들은 대체적으로 지중해 북부 해안에서 시작하여 지중해 연안 세계가 끝난다고 말할 수 있다.

로마인들은 지중해 세계를 조직화하는 데 성공했다. 그렇다고 해서 대형으로 경제 조직을 만든 것은 결코 아니다. 사회적 상호작용의 주요 상징적 매개체는 강제적으로 지시받은 당국이었다. 제품과 서비스에 의해서 획득된 부가 결코 아니었다. 이스라엘 종교와 같이 로마 종교는 혈통 관계뿐 아니라, 정치와 깊이 관계되어 있었다. 정치적 종교와 내부적 종교가 있다. 정치적 종교는 국가의 공식 종교였다. 국가의 공식적 지원과 전 인민과 우두 머리들의 이익을 기원하는 예배가 따랐다. 내부 종교는 조상에 대한 관심 뿐 아니라, 내집단과 그 관심거리들, 대개는 사람과 짐승과 토지의 풍성한 소산물에 신경썼다.

만일 예수님이 복음서에서 종교적 관심을 가졌다면, 그 관심들은 정치적 종교 곧 이스라엘의 회복에 관한 것이었을 것이다. 예수님이 관심둔 대상은 다른 사람들이 별로 관심을 두지 않는 나머지 인간들을 포함하는 전체 내집단이었다. 예수님의 명령과 같은 오래 묵은 전승을 생각해 보라: "예수께서 이 열 둘을 내어 보내시며 명하여 가라사대 이방인의 길로도 가지 말고 사마리아인의 고을에도 들어가지 말고 차라리 이스라엘 집의 잃어버린 양에게로 가라"(마 10:5-6). 혹은 두로아 시돈 지방의 헬라 여자에 하신 예수님의 말씀을 묵상해 보라: "예수께서 이 르시되 자녀로 먼저 배불리 먹게 할지니 자녀의 떡을 취하여 개들에게 던짐이 마땅치 아니하니라"(막 7:27). 마태복음은 다음과 같이 말씀하시는 예수님의 말씀을 서두로 제시한다: "예수께서 대답하여 가라사대 나는 이스라엘 집의 잃어버린 양 외에는 다른 데로 보내심을 받지 아니하였노라 하신대 여자가 와서 예수께 절하며 가로되 주여 저를 도우소서 대답하여 가라사대 자녀의 떡을 취하여 개들에게 던짐이 마땅치 아니하니라"(마 15:24-26).

55

모든 것은 가정에서 찾자

벤니 벤과 하르브 스완은 유대인 군대의 엔지니어 부대에 근무하는 동료였다. 하르브는 미군으로 유대에 파견되어 벤니와 함께 일하게 되었다. 벤니는 유대 군인이었다. 자연스럽게 그 두 사람은 함께 많은 건설 사업을 했다. 그리고 서로 아주 친해졌다. 그들은 제대하면 작은 건설 회사를 함께 차리기로 했다.

6개월 후에 제대하고 함께 회사를 세우기로 계획하였다. 모든 것이 잘 진행되었다. 하지만 직원들을 고용하는 데 있어서 문제가 생기기 시작했다. 벤니는 "글세 내 동생이 이 분야를 맡을 수 있을거야. 그리고 다른 집단도 맡을 수 있는 조카가 한 명이 있었다. 그리고 다른 많은 친구들도 자리를 맡고 싶어해" 라고 했다.

하르브는 벤니에게 둘이 함께 그들을 면접을 보고 가장 유능한 사람들을 뽑자고 했다. 그문제로 인해 모든 것이 수포로 돌아가고 말았다.

이 합작 회사의 실패를 어떻게 설명할 수 있겠는가?

가족이 우선이다

사업을 하는 데 있어서 지중해 연안 유대인과 현대인의 기준의 차이가 대단하다. 대부분 지중해 연안 유대인들은 사업을 할 때에 신임이 필요한 요직에는 내집단 일원들을 배치한다. 선량한 사업가도 거의 전적으로 자기 가족(종, 자녀, 형제, 사촌, 친구)을 의존한다. 그래서 벤니도 거의 전적으로 자기 형제, 사촌, 친구를 의존하기를 원했던 것이다.

현대인은 사업할 때, 가장 경쟁력있는 사람들을 채용한다. 비록 현대인들은 자질있는 친구들을 더 좋아하지만, 단지 소속에만 따지고 자질에 두지 않는 내집단에 대한 개념은 대부분 현대인들에게는 낯선 것이다. 그러므로 고용주의 친척들과 친구들이 채용되는 경우는 보기 드물다(심지어는 그들이 유능해도 채용되지 않는 경우가 있다).

이러한 문화적 차이점들 때문에 동업이 성사되지 못했던 것이다. 복음서에 나타난 모든 "경제" 기구들이 가족(주인과 종, 아버지와 아들, 아버지, 어머니, 아들들, 시간제 노동자, 아내와 자녀, 등)이나 정부(왕과 종들 혹은 백성들, 백부장, 로마 행정 장관)에 의해서 진행되는 것을 주목하라. 그럼에도 불구하고, 지중해 연안 유대인과 현대인이 갖고 있는 기준의 차이점들은 공히 다른 사회적 기구들에 있어서도 마찬가지로 대단하다는 것을 주목하지 않으면 안 된다.

종교적이며 도덕적인 평가나, 혹은 정부의 독특한 운영 규범들, 혹은 가족 생활과 부모의 역할 기준에 관한 현대 세계와 지중해 연안 세계의 차이점들을 구별하기 쉽지 않다. 대개의 경우 내집단이 지중해 연안에서는 우선이다. 내집단은 가족 규율에 의해서 정의되고 한정된다. 이처럼 내집단은 가공적인 친척 유대 관계와 범위 속에서 일을 한다. 신분도 가족의 규율, 삶의 전영역에서의 성과 나이 차이, 한 가족이 물려 받은 사회적 지위나 "명예"에 의해서 결정되는 전사회적 지위로부터 나온다.

이같은 경제 엳보기가 중요하다. 왜냐하면 경제는 종교와 직결되어 있기 때문이다. 사실 19세기 산업혁명이 있기 전에 모든 사업들은 가족이나 정부의 손에 있었다. 경제는 내부적이거나 정치적이었다. 그리고 18세기 계몽주의 시대에 이르기까지 종교에 있어서도 마찬가지였다. 내부적 종교와 정치적 종교가 있었다. 순수한 종교가 없었다. 이 말은 예수님께서 공식적으로 자기 시대의 종교를 다루었다는 것은 정치적 종교를 다루는 것이었다는 뜻이다.

다른 말로 하자면, 기독교가 유대를 벗어나 외부로 뻗어 나갔을 때, 기독교는 "형제들" "자매들"의 집단을 형성할 수 있었다. 그것은 일종의 내부적 종교였다. 우리가 가지고 있는 신약의 문서들은 대부분 내부 종교로부터 나온 것이다.

콘스탄틴 황제 시대(주후 4세기) 이전에 기독교회는 일개 가족처럼 움직였다. 교회의 구속력은 가족의 구속력이었다. 약속 실행이나 명예심과 소속감에 근거한 것이다. 그런 구속력에서 이탈한 사람들은 불명예스럽고 배척 당하고 소외 당하게 된다. 교회는 그리스도 안에서 형제들과 자매들로 구성된 가공의 혈통 집단과 깊은 관련이 있는 종교이다. 교회는 나그네들과 가난한 자들과 과부들과 고아들을 돌보는 경제적인 측면에 있어서 일개의 가족 사업, 즉 내부 경제가 움직이는 것과 같았다.

그러나 콘스탄틴 황제 시대 후에, 기독교회는 가족 구속력과 소속 보다는 권력의 구속력을 가진 정부와 더 깊은 관련이 있게 되었다. 그리하여 교회의 구속력은 권력에 뿌리를 둔 정부의 구속력이 되었다. 그런 구속력에서 이탈한 사람들은 추방당하고 매를 맞고 죽임을 당하였다. 교회 간부들은 정부 관리들이 된다. 황제는 그리스도를 대표한다. 비로소 교회는 정치 곧 신정 정치와 깊은 관련이 있는 종교가 되었다. 성직자 봉급과 가난한 자들과 과부들과 고아들을 돌보는 교회의 경제적인 측면은 정부적인 관심 거리 곧, 정치적 경제였다. 비정부적인 경제 활동은 가족과 깊은 관련이 계속 유지되었다. 이따금씩 가정 식구들은 출산과 조상에 대해 관심을 쓰고 있는 전통적 내부 종교를 유지하였다.

반대로, 혈통 관계에 뿌리박고 있는 종교, 내부 종교의 고대 교회는 수도원 제도와 관련되어 있다.

제8장 시간의 개념

고대 지중해 연안 문화가 시간에 있어서 현재 시간에 우선권을 두고 있다. 전 세계에 있는 농부들과 같이 지중해 연안 농부들도 원래 현재 지향적이었다. 미래 지향은 의식주와 같은 기본적 필요들이 보장된 사회에서만 가능하다. 생필품들의 취득과 준비에 하루의 대부분을 보내야 하는 사회 사람들은 현재 지향적이다.

더욱이, 현재는 생활의 보다 많은 부분을 차지했다. 그것은 산업 사회의 시간과는 다른 것이다. 둘째, 팔에 찬 시계는 흘러가는 현재를 나타내 준다. 기억나는 모든 것으로 구성되어 있는 넓은 현재는 다가오고 있다. 그 이유는 이미 어떤 방식으로든지 현재가 오고 있기 때문이다. 임신한 아내가 아이를 낳고, 밭에는 식물이 자라고, 달이 찰수록 축제는 가까워 온다. 이 모든 것은 현재이다. 이러므로 그런 것들이 다가오고 있다. 우리가 생각하는 대로 미래가 아니다.

중요한 행사들은 항상 중요 인사가 그 행사에 도착했을 때에 시작했다. 그러므로 그들은 항상 정시에 시작했다. 고대 지중해 연안인들은 시간에 있어서 현재 현대인들과는 아주 판이하게 달랐다.

56
시계상의 시간과 행사 시간

조지 스미스는 은퇴하고 서구에서 많은 돈을 모았다. 그리고 지중해 연안 동부지역에 큰 포도원을 샀다. 그는 아내와 새 집으로 이사했다. 그는 결혼한 자식들에게 오지 말라고 했다. 왜냐하면 그들도 자신들의 생활이 있었기 때문이었다. 포도 나무들은 잘 자랐다. 그러나 이제는 가지치기를 하고 풀을 뽑아주어야 할 때가 되었다.
조지는 혼자서 힘든 일을 다 할 수 없었으므로 도움을 청해야 했다. 그래서 마을 광장에서 가서 8월 8일 오전 9시부터 일할 사람을 구한다는 광고를 붙였다. 거기에 모이는 많은 마을 사람들이 그 광고를 보고 일하러 몰려들 것이라고 생각했다. 여러주 동안의 일거리를 제공하였으니 다음달까지 수입이 든든해 질 것이라고 생각했다.
첫 한 주가 다 지나가도 일하겠다고 하는 사람이 단 한 사람도 나타나지 않았다. 그 다음 주도 마찬가지였다. 조지는 화가 나 직접 일을 하겠다고 마음먹었다.
조지가 고용하기를 원했던 지중해 연안 유대인들의 무관심에 대해서 어떻게 설명하겠는가?

신약의 사람들은 현재에 대해서 염려하였다

지중해 연안 사람들은 현대인들이 갖고 있는 시간에 대한 추상적인 개념을 갖고 있지 않았다. 1세기 사람들에게 시계가 없었다. 도시에서 하루의 "시간"은 아마도 보초병의 교대로 시간을 계산했을 것이다. 그러나 시골에서는 대략적인 시간 계산은 개인의 내적 시간 (배가 고플 때, 피곤할 때, 졸릴 때, 등)과 해의 위치로 계산했다. 그처럼 대부분 사람들에게는 달력이 없었다. 날짜는 성전 관리들이 결정하고 알려 준 달의 위치에 의해서만 알 수 있었다. 시간은 중요한 행사(예를 들면, "로마와 전쟁한 해")에 의해서 기억되었다. 그리고 중요한 행사는 공직(예를 들면, 가이사 아구스도와 수리아 총독 구레뇨, 눅 2:1-2)을 맡고 있는 중요 인사들에 의해서 기록되었다. 그처럼 "정시"란 중요 인사들이 나타날 때이다.

지중해 연안 유대인들은 현재 지향적이었다. 시계나 월력이 없었는데도 불구하고 추상적인 미래에 대한 관심이 없었다. 정시를 지킨다는 의미는 부르는 순간 중요한 인물 앞에 도착하거나, 달이나 절기에 의해서 결정된 약속한 날에 도착하는 것이었다. 이제는 1세기 지중해 연안 유대인으로 태어나 그 문화 속에서 자란 가장의 행동을 살펴 보라.

> 천국은 마치 품꾼을 얻어 포도원에 들여 보내려고 이른 아침에 나간 집주인과 같으니 저가 하루 한 데나리온씩 품꾼들과 약속하여 포도원에 들여 보내고 또 제 삼 시에 나가 보니 장터에 놀고 섰는 사람들이 또 있는지라. 저희에게 이르되 너희도 포도원에 들어가라 내가 너희에게 상당하게 주리라 하니 저희가 가고 제 육시와 제 구 시에 또 나가 그와 같이 하고 제 십일 시에도 나가 보니 섰는 사람들이 또 있는지라. 가로되 너희는 어찌하여 종일토록 놀고 여기 섰느뇨 가로되 우리를 품꾼으로 쓰는 이가 없음이니이다 가로되 너희도 포도원에 들어가라 하니라. 저물매 포도원 주인이 청지기에게 이르되 품꾼

> 들을 불러 나중 온 자로부터 시작하여 먼저 온 자까지 삯을 주라 하니 제 십일 시에 온 자들이 와서 한 데나리온씩을 받거늘 먼저 온 자들이 와서 더 받을 줄 알았더니 저희도 한 데나리온씩 받은지라 받은 후 집주인을 원망하여 가로되 나중 온 이 사람들은 한 시간만 일하였거늘 저희를 종일 수고와 더위를 견딘 우리와 같게 하였나이다. 주인이 그 중의 한 사람에게 대답하여 가로되 친구여 내가 네게 잘못한 것이 없노라 네가 나와 한 데나리온의 약속을 하지 아니하였느냐? 네 것이나 가지고 가라 나중 온 이 사람에게 너와 같이 주는 것이 내 뜻이니라. 내 것을 가지고 내 뜻대로 할 것이 아니냐 내가 선하므로 네가 악하게 보느냐 이와 같이 나중 된 자로서 먼저 되고 먼저 된 자로서 나중되리라.(마 20:1-16)

이같은 지중해 연안 개인 사업에 있어서 노동 관계와 고용 관습을 생각해 보라. 그 주인은 자기가 필요한 시간에 충분한 일꾼들을 모을 수 있을 것이라고 생각했다. 그는 하루 내내 개별적으로 사람들을 뽑는다. 아마도 제 1시, 제 3시, 제 6시, 제 9시, 제 11시에 각각 뽑았을 것이다. 그는 한 장소에서 사람들을 뽑고, 또 그곳에서 항상 새로운 사람들을 찾고 있었다. 그는 어느 누구에게도 참을성이 없는 것 같다. 그는 그날 일꾼들에게 임금을 지불한다. 각자 일하러 와서 일한 시간과는 상관없이 꼭같은 임금을 지불한다. 몇 사람이 이에 대해 성토할 때 도리어 잘못된 견해를 가졌다고 "내가 선하므로 네가 악하게 보느냐?"고 비난했다. 이것은 어떤 종류의 사업인가?

57
정시 정각

헨리 로저스와 그의 아내는 1세기 팔레스타인에서 4주정도 머물면서 아주 멋진 시간을 보내고 있었다. 헨리는 빌라도의 안토니아 요새에 근무하는 어느 육군 장교 한 사람을 방문하면서 거기서 첫 몇 주간 많은 지중해 연안 유대인들을 만났다. 헨리와 그의 아내는 새로 만난 모든 지중해 연안 유대인 친구들을 초대하고 파티를 열기로 결정했다. 그 부부는 그 친구들에게 몇시에 저녁 식사를 하는지 물어보니 해가 진 직후에 먹는다고 들었다. 그래서 해가 진 직후에 와서 칵태일과 식사를 하라고 사람들을 초청했다. 로저 부인은 그들이 와서 음료수를 마시는 동안 모두 도착할 것이고 해가 약간 지면 저녁 식사를 내어 놓아도 될거라고 생각했다.
그러나 해가 진 후 상당한 시간이 지났다. 초청한 손님들의 반밖에 오지 않았고 요리는 다 식어버렸다. 모든 사람이 왔을 때 저녁 늦은 시간이었다. 그 부부는 화가 단단히 나서 분위기는 아주 썰렁해졌다. 당신은 지중해 연안 유대인들이 지각한 것에 대해서 어떻게 설명하겠는가?

신약의 인물들은 항상 정각에 온다

지중해 연안 유대인들은 시간을 잴 수 있는 도구가 없었다는 이유 하나 때문에 현대인들만큼 신속성을 강조하지 않았다. 시계나 달력이 없었다. 단지 해의 위치나 닭이 울거나 달의 모양을 보고 시간을 측정했다. 사람들을 초청하고 준비가 다 되었을 때는 준비가 다 되었다고 알리러 사람을 보내는 것이 관습이었다(마 22:2-3).

지중해 연안 유대인에게 있어서 "해가 진 직후"라는 사교적 초청은 해가 진 직후를 말하는 것이 아니라, 해가 진 후 아무 때든지 보통 잠자는 시간까지를 말한다. 그렇다고 해서 모든 지중해 연안 유대인들이 어떤 상황에서도 반드시 "지중해 연안 유대인 시간"을 지켰던 것은 아니다. 로마 관리들과 일하는 많은 유대인들과 예루살렘 도시 유대인들 일부는 로마 군대의 시간 기준, 특히 보초 교대 신호를 이용했다. 그리하여 초청받은 사람들의 절반은 해가 진 연후에 왔고, 나머지 절반은 2시간 후에 왔다. 신속성을 다룰 때 이런 다양한 것을 고려하지 않으면 안 된다. 다음의 신약 본문에서 시간 결정에 대해서 묵상해보라.

> 그 때에 천국은 마치 등을 들고 신랑을 맞으러 나간 열 처녀와 같다 하리니 그 중에 다섯은 미련하고 다섯은 슬기있는지라 미련한 자들은 등을 가지되 기름을 가지지 아니하고 슬기있는 자들은 그릇에 기름을 담아 등과 함께 가져갔더니 신랑이 더디 오므로 다 졸며 잘새 밤중에 소리가 나되 보라 신랑이로다 맞으러 나오라 하매 이에 그 처녀들이 다 일어나 등을 준비할새 미련한 자들이 슬기있는 자들에게 이르되 우리 등불이 꺼져가니 너희 기름을 좀 나눠 달라 하거늘 슬기있는 자들이 대답하여 가로되 우리와 너희의 쓰기에 다 부족할까 하노니 차라리 파는 자들에게 가서 너희 쓸 것을 사라 하니 저희가 사러 간 동안에 신랑이 오므로 예비하였던 자들은 함께 혼

> 인 잔치에 들어 가고 문은 닫힌지라. 그 후에 남은 처녀들이 와서 가로되 주여 주여 우리에게 열어 주소서. 대답하여 가로되 진실로 너희에게 이르노니 내가 너희를 알지 못하노라 하였느니라. 그런즉 깨어 있으라 너희는 그 날과 그 시를 알지 못하느니라.(마 25:1-13)

신랑이 더디 오는 것은 흔한 일이다. 사교 행사에 있어서 높은 인사들은 시간 제약을 받지 않는다. 주인공이 도착하는 시간이 "정각"이 된다. 신랑은 자기를 밤새 기다리고 있던 사람들에 대해서는 정작 무관심하듯 사교 행사에서도 주인공이 그러는 것은 예사이다. 다른 사람들은 신랑이 왔을 때에 맞을 준비하고 있으려 한다. 신랑이 도착하는 시간이 "정시"이다. 그 이후에 오면 누구든지 "지각"이다. 문들은 이제 닫히게 될 것이다.

> 저희가 이에 대하여 대답지 못하니라 청함을 받은 사람들의 상좌 택함을 보시고 저희에게 비유로 말씀하여 가라사대 네가 누구에게나 혼인 잔치에 청함을 받았을 때에 상좌에 앉지 말라 그렇지 않으면 너보다 더 높은 사람이 청함을 받은 경우에 너와 저를 청한 자가 와서 너더러 이 사람에게 자리를 내어주라 하리니 그 때에 네가 부끄러워 말석으로 가게 되리라 청함을 받았을 때에 차라리 가서 말석에 앉으라 그러면 너를 청한 자가 와서 너더러 벗이여 올라 앉으라 하리니 그 때에야 함께 앉은 모든 사람 앞에 영광이 있으리라 무릇 자기를 높이는 자는 낮아지고 자기를 낮추는 자는 높아지리라.(눅 14:6-11)

이 이야기에서의 전제 내용은 저명 인사는 자기 자리를 마련해 놓고 다른 사람들이 도착한 이후에 온다는 것이다. 더 한층 앞선 전제는 저명 인사는 항상 "정각"이 된다는 것이다.

끝으로, 연회장은 모든 것이 준비 완료되었을 때 사람들을 초청을 하고 그리고 건사한 식사가 다 준비되었을 때 초청했던 사람들을 불러 모은다.

천국은 마치 자기 아들을 위하여 혼인 잔치를 베푼 어떤 임금과 같으니 그 종들을 보내어 그 청한 사람들을 혼인 잔치에 오라 하였더니 오기를 싫어하거늘.(마 22:2-3)

58
정각?

루이스 렌스는 처음으로 1세기 팔레스타인에 도착하여 그곳에 수년 전에 와 있었던 자기 형제 레스와 많은 시간을 보냈다. 어느날 오후 그들이 레스의 사무실에 앉아 있는 일에 대해서 토론을 하고 있는데 렌스의 지중해 연안 유대인 부하 직원들이 작성한 보고서를 전달하기 위해서 잠깐 들렸다. 렌스는 주말에 가질 파티가 생각나 지중해 연안 유대인에게 안식일이 끝나는 해질 무렵에 오라고 초대했다.
그 뒤에 섰던 사람은 정중히 대답했다. "예, 파티에 참석하고 싶어요. 그런데 지중해 연안 시간으로 하는지, 아니면 서구 시간으로 하는지요?" 라고 물었다.
레스는 웃으면서 "지중해 연안 시간이죠" 라고 말했다. 루이스는 도대체 무슨 말인지 전혀 이해할 수 없었다. "지중해 연안 시간" 이라는 말이 무슨 뜻인가?

신약의 사건은 언제나 정각에 일어났다

현대 세계의 기준으로 하면 지중해 연안 유대인은 시간에 있어서 훨씬 더 여유가 있다. 1세기 지중해 연안인들은 정확한 시계상의 시간이나 정확한 달력 상의 시간을 갖고 있지 않았다. 그들에게 있어서 시계 바늘은 항상 현재를 의미하고, 그 외는 과거가 아니면 미래였다. 지중해 연안 유대인들은 "정각"에 초점을 두지 않는다. 그들의 현재 시간은 중요 인사들이나 사건들이 일어날 때이므로, 그 시간 폭이 넓다. 이런 상황에서 지중해 연안 시간은 "안식일 다음 어느 시점, 해질 무렵"을 의미한다. 서구 시간으로 하면 대략 오후 9시이다.

> 주의하라 깨어있으라 그 때가 언제인지 알지 못함이니라. 가령 사람이 집을 떠나 타국으로 갈 때에 그 종들에게 권한을 주어 각각 사무를 맡기며 문지기에게 깨어있으라 명함과 같으니 그러므로 깨어 있으라 집주인이 언제 올는지 혹 저물 때엘는지, 밤중엘는지, 닭 울 때엘는지, 새벽엘는지 너희가 알지 못함이라 그가 홀연히 와서 너희의 자는 것을 보지 않도록 하라. 깨어있으라 내가 너희에게 하는 이 말이 모든 사람에게 하는 말이니라 하시니라.(막 13:33-37)

여기서 하루는 저물 때, 밤중, 닭울 때, 새벽으로 정확히 구분되어 있다. 더 혼란스러운 것은 유대인과 헬라인들은 하루의 시작을 해질 무렵으로 보기 때문이다. 다시 한번("깨어 있으라"는 모든 비유에서), 정확한 시간은 중요 인사가 도착하는 시간이다. 이 비유에서도 여행 중에 있던 사람이 돌아오는 시간이 정시이다. 그가 오는 시점에는 바로 종들이 주인을 맞이할 태세를 갖추고 있어야 한다.

> 허리에 띠를 띠고 등불을 켜고 서있으라. 너희는 마치 그 주인이 혼인 집에서 돌아와 문을 두드리면 곧 열어 주려고 기다리

는 사람과 같이 되라. 주인이 와서 깨어있는 것을 보면 그 종들은 복이 있으리로다. 내가 진실로 너희에게 이르노니 주인이 띠를 띠고 그 종들을 자리에 앉히고 나아와 수종하리라. 주인이 혹 이경에나 혹 삼경에 이르러서도 종들의 이같이 하는 것을 보면 그 종들은 복이 있으리로다.(눅 12:35-38)

누가는 도시에서 로마군인들이 보초 서던 시간을 밤 시간 즉, "이경에나 혹 삼경"으로 지정했다. 다시 말해서 정시란 어떤 비인격적인 기계가 시간을 지정해 주는 때가 아니라 중요한 인사가 도착하는 바로 그 시간이다.

59

시계 없는 시간

1세기 팔레스타인에서 현대의 군인과 로마 군대는 많은 프로젝트를 함께 하고 있다. 양군대는 좋은 관계를 유지해 왔지만 때때로 오해가 생겼다. 예를 들면, 해마다 현대 군인들 몇 사람이 로마 군대 소속 유대인 훈련병 퇴소식에 참석했다. 작년에는 현대 군인들은 몇시에 퇴소식이 있는지를 잘 몰랐다. 그들은 금요일에야 돌아오는 일요일에 퇴소식이 있다는 초대장을 받았다. 말할 필요도 없이, 많은 현대 군인들은 자기들의 계획을 변경해야 했기 때문에 매우 당황스러워 했다. 현대인들의 시간에 대한 관념으로 볼 때 로마-유대인 군간부들이 초대장을 너무 늦게 보낸 것이다.

로마-유대인들의 느린 행동에 대해 어떻게 설명할 수 있을까?

신약의 인물들은 현재 다가오는 것을 알아 차린다

로마-유대인들이 갖고 있는 시간과 계획에 대한 개념이 현대인들이 갖고 있는 개념과는 엄청난 차이가 있다. 지중해 연안 사람들은 대체적으로 장기 계획을 잘 세우지 못한다. 그 이유는, 그런 계획이 요구하는 미래 지향은 단지 현재의 모든 필요들이 완전히 충족되는 사회에서만 있을 수 있기 때문이다. 지중해 연안 유대인들이 최근까지만 해도 그런 상황을 누리지 못했다. 그들의 경제는 부(富)의 경제가 아니라, 생존 경제였다. 더욱이 그들의 계획은 지금까지 현재를 불분명하게 만든 약탈 행위, 전쟁, 중앙 권력에 대한 폭동으로 말미암아 무산되었다. 한 가지 결과는 많은 지중해 연안 유대인 노동 행위가 무정하다는 것이다. 계획을 신중하게 세우지 않는 것이 지중해 연안 유대인의 행동 특징이다. 더욱이 시간 계산이 정확하지 않고 임무를 완수하는 정확한 시간에는 관심이 별로 없다. 그럼에도 불구하고 자신의 의무에 대해서는 열정을 갖고 헌신하여 많은 일을 해낸다. 지중해 연안 사람들의 현재 지향에 대해 살피기 위해서 예수님이 인용하셨던 잠언을 묵상하라. 그 잠언은 주로 현재 시간에 초점을 두고 있다: "그러므로 내일 일을 위하여 염려하지 말라 내일 일은 내일 염려할 것이요 한 날 괴로움은 그 날에 족하니라"(마 6:34). 또한 예수 자기 주변 사람들이 살아 생전에 현재에 어떻게 하나님의 능력을 받을 것이라고 기대하셨는지를 생각해보라: "또 저희에게 이르시되 내가 진실로 너희에게 이르노니 여기 섰는 사람 중에 죽기 전에 하나님의 나라가 권능으로 임하는 것을 볼 자들도 있느니라 하시니라"(막 9:1, 참조: 마 16:28; 눅 9:27).

지중해 연안 유대인들은 현대인들처럼 계획을 정확히 맞추는 것이 중요하다고 생각치 않는다. 대부분 현대인들이 중요하게 여기는 것은 미래이지만, 대부분 지중해 연안 유대인들에게 있어서는 현재이다. 지중해 연안 사회는 현재 지향 사회이다. 그러나 사람들은 현재의 실패에 대해 해명하고자 할 때는 과거를 돌아본다. 사람들은 현재의 아픔을 해결하기 위해서 거의 미래를 바라보지 않는다. 첫째 특징은 스케줄을 무시하는 것이다. "이 세대가 지나가기 전"의 예수님의 메시아적인 능력을 모든 복음서 전승이 주장하고 있음에도 불구하고, 능력이 전혀 나타나지 않았다. 능력이 나타나지 않았던 사람들의 태도는 엠마오로 가는 제자들에게서 나타났다(눅 24:15-21). 더욱이 신약은 실제 일어났던 것에 대해 다음과 같이 설명한다. 하나님께서 예수님을 일으키셨다는 것은 예수님께서 메시아라는 것을 확고하게 입증하는 것이다. 그러나 예수님께서 능력의 메시아로서 오신 것은 아직 아니었다. 예를 들어, 사도행전에 나타난 베드로의 설교 가운데 볼 수 있다.

> 그러므로 너희가 회개하고 돌이켜 너희 죄 없이 함을 받으라. 이같이 하면 유쾌하게 되는 날이 주 앞으로부터 이를 것이요. 또 주께서 너희를 위하여 예정하신 그리스도 곧 예수를 보내시리니 하나님이 영원 전부터 거룩한 선지자의 입을 의탁하여 말씀하신 바 만유를 회복하실 때까지는 하늘이 마땅히 그를 받아두리라.(행 3:19-21)

그 다음에 바울은 로마서 서두에서 "이 복음은…그의 아들에 관하여"라고 한 표현은 초대 기독교 찬송가를 인용한 것이다.

> 이 아들로 말하면 육신으로는 다윗의 혈통에서 나셨고 성결의 영으로는 죽은 가운데서 부활하여 능력으로 하나님의 아들로 인정되셨으니 곧 우리 주 예수 그리스도시니라.(롬 1:3-4)

분명히 예수님께서 메시아로서 능력을 발휘하는 것은 미래의 일이 아니라 현재 이루어지고 있는 것이다. 복음서 전승은 다음과 같이 말한다.

> 또 저희에게 이르시되 내가 진실로 너희에게 이르노니 여기 섰는 사람 중에 죽기 전에 하나님의 나라가 권능으로 임하는 것을 볼 자들도 있느니라 하시니라.(막 9:1)

마태와 누가는 약간 다르다. 그렇지만 둘 다 궁극적으로 같은 주장이다.

> 이 세대가 가지 전에 능력의 나라가 올 것이다. 진실로 너희에게 이르노니 여기 섰는 사람 중에 죽기 전에 인자가 그 왕권을 가지고 오는 것을 볼 자들도 있느니라.(마 16:28).

> 내가 참으로 너희에게 이르노니 여기 섰는 사람 중에 죽기 전에 하나님의 나라를 볼 자들도 있느니라.(눅 9:27)

이 전승에 있는 "하나님의 나라가 권능으로 임하는 것을 볼," "인자가 그 왕권을 가지고 오는 것을 볼", "하나님의 나라를 볼"이라는 표현은 거의 같은 의미이다. 이 전승에 따르면 요점은 예수님께서 자기 동료들 중 몇 사람이 그같은 사건에 대해 증거할 것을 기대했다는 것이다. 그렇지만 그 사건은 일어나지 않았다. 이 결과가 "무모험, 무이익"이라는 지조를 가진 지중해 연안인들을 실망시키지는 않을 것이다. 계시를 받았던 사람조차 예수님의 죽음에 책임이 있는 사람들이 능력의 메시아를 보게 될 것이라고 믿었다(계 1:7).

> 볼지어다 구름을 타고 오시리라 각인의 눈이 그를 보겠고 그를 찌른 자들도 볼 터이요 땅에 있는 모든 족속이 그를 인하여 애곡하리니 그러하리라 아멘 전통적으로, 하나님만이 미래를 아신다. 일단 권능의 메시아 예수님의 강림이 오실 것으로

더 이상 판단되지 않았다면, 그 문제는 하나님께 달린 문제요 일상의 현재 지향적인 관심 거리가 되지 않는다. 그러나 그 날과 그 때는 아무도 모르나니 하늘에 있는 천사들도 아들도 모르고 아 버지만 아시느니라.(막 13:32)

그러나 그 날과 그 때는 아무도 모르나니 하늘의 천사들도, 아들도 모르고 오직 아버지만 아시느니라.(마 24:36)

가라사대 때와 기한은 아버지께서 자기의 권한에 두셨으니 너희의 알 바 아니요.(행 1:7)

현재는 실패로 끝나고 위기가 해결될 실마리가 보이지 않을 때, 사람들은 성경(과거)를 보고 현재 닥친 일이 무엇인지 살필 수 있다. 그렇다고 이것은 미래를 바라보는 것이 아니다. 현재 일어나고 있는 일을 발견하기 위해서 과거를 살필 뿐이다.

19세기 유럽 신학자들이 "종말론"과 "묵시적"이라고 불렀던 것은 예수님의 연기된 재림이나 초대교회의 실망에 관한 것이 아니다. 오히려 종말을 다루는 본문들은 과거, 이스라엘의 성경을 인용하고 있다. 그리하여 현재를 볼 수 있도록 빛을 던져주려는 것이었다.

그러한 성경 본문이 갖고 있는 관심의 초점은 현재이다. 현재 일어나고 있는 것, 현재 이미 진행되고 있는 것에 대한 빛을 던져주기 위해서 과거의 말씀을 성경 기자들이 살펴 본다. 현재와 진행되고 있는 충격에 대한 초점은 사실 이미 성취된 예수님의 행적을 보고 선지자와 치료자이신 예수님을 따르는 사람들 가운데서 입증되었다. 다른 사람들은 현재 일어나고 있는 것, 즉 예수님 생애의 미완성 편, 권능의 메시아의 역할을 강조했다. 하나님으로부터 권능의 메시아로 인준 받은 분으로서 예수님의 장차 실행하실 선지자로서 그리고 치료자로서의 역할이 은폐되어서는 안 된다.

현재를 지향하는 사람들에게 예수님 생애의 남은 부분이 진행되어야 할 시간은 실제로 그렇게 주요하지 않다. 사실상, 그것은 미래의 일이다. 이런 관점은 복음서에 나타나 있다. 이런 문서들은 능력의 예수님이 오실 것이라는 것을 더 이상 믿지 않았던 기독교 집단들 가운데 공공연히 돌고 있었다. 그 미래는 하나님이 아시고 하나님께 맡겨 진 것이다.

우리의 현재는 무엇인가? 예수님은 현재 지향적 문화가 만연해 있었던 것을 여실해 보여 주는 잠언들을 인용하셨다: "그러므로 내일 일을 위하여 염려하지 말라 내일 일은 내일 염려할 것이요 한 날 괴로움은 그 날에 족하니라"(마 6:34). 이같이 현재 지향적인 복음서들은 그 순간까지의 예수님의 행적에 근거해서 제자들에게 지침을 마련해 준다. 마태는 기독교 공동체에게 산상수훈에서처럼 직접적인 명령들과 규율을 전달해 준다. 마가는 현재의 고난을 승화시켜 승리로 이끄는 방법을 설명해 준다. 누가는 기독교 운동의 근거를 예수님에게 두고 예루살렘으로부터의 확장을 베드로와 특히 바울과 같은 대리자를 통하여 이루었던 것을 설명한다.

바울의 글들도 그들이 지향하고 있는 바와 다르다. 데살로니가 전서는 권능의 주 예수님의 재림을 황제의 방문이나 "파루시아"(살전 5장)라는 용어로 표현하였다. 고린도전서와 다른 글은 현재 기독교인들의 행동에 대한 소망을 표방하고 있다. 바울에게 있어서 그 부분은 최근까지 완성되고, 중요시되었던 예수님의 생애 부분 즉, 부활이었다.

결국 복음 공동체들과 바울에게 있어서 부활 사건은 이미 이루어진 예수님의 생애에 근거한 것이지, 아직 이루어지지 않았던 것에 근거한 것이 아니었다.

#60

현재에 대한 계획 세우기

톰 브라운의 집이 법원 앞에 있었는데, 그 법원 정원에 있는 등을 보고 자기 집에도 같은 등을 달고자 했다. 그는 공사하는 사람을 만나 등을 달아 달라고 했고, 그 유대인 업자는 다음 날 오후에 오겠다고 약속했다. 그러나 다음 날 그가 오지 않자, 다시 찾아가 다음 날 다시 오겠다는 다짐을 받았다. 이렇게 유대인은 약속을 네 차례나 어겼다. 그래서 톰은 화가 단단히 났다. 그 업자를 기다리느라고 외출도 하지 못했다. 그 업자가 도착하는 순간에 강타를 날렸다. 그런데도 그 업자는 무엇을 가져오지 않았다고 하면서 등을 달지 못하고 돌아갔다. 결국 톰은 그 등을 달지 않기로 했다.
그 유대인 업자가 약속을 지키지 못한 것에 대해 어떻게 설명하겠는가?

신약의 계획은 모두가 임시적인 것이다

비교적 최근까지만 해도 지중해 연안 유대인의 문화 환경은 다른 전반적인 지중해 연안 문화와 같이 성공적인 계획 수립을 거의 할 수 없다는 것을 이미 충분히 알고 있다. 한 가지 결과는 대부분 사람들이 현재 중심적인 사람들이라는 것이다. 현재의 해결 방법으로 풀 수 없는 문제에 봉착하면 지난 과거를 살펴본다. 당면한 문제에 대해 특별한 방안이 없다면 과거의 어려움을 직면한 영웅들의 방법이나 성경 말씀의 가르침이 그들의 지침서가 될 것이다. 현재를 선호하는 것과, 그 대안으로서 과거를 선호하는 것은 재미있는 결과를 가져다 준다. 그 결과, 어떤 일이나 임무, 미래 계획의 완수에 걸리는 시간에 대한 지중해 연안 유대인들의 측정은 부정확하다.

그 공사업자에 있어서도 마찬가지 경우다. 여기서 중요한 점은 어떤 일을 마치는데 필요한 시간 계산을 정확히 할 수 없다는 것이다. 하나님께서 하나님의 백성들을 위하여 권능으로 간섭하실 때를 계산하는 예수님의 경우도 그랬다. 최소한 이 점은 복음서에서 분명히 입증된다. 이같은 특징은 예수께서 권능의 메시아로서 역할하실 때를 초대 그리스도인들이 추정하는 것에서 찾아 볼 수 있다. 이런 두 가지 경우에 답변은 현재 지향적인 "임박"이다(어떤 미래에 대한 추정이 아니다). 엠마오로 가는 두 제자에 대한 누가의 설명을 생각해보라.

> 저희가 서로 이야기하며 문의할 때에 예수께서 가까이 이르러 저희와 동행하시나 저희의 눈이 가리워져서 그인줄 알아보지 못하거늘 예수께서 이르시되 너희가 길 가면서 서로 주고 받고 하는 이야기가 무엇이냐 하시니 두 사람이 슬픈 빛을 띠고 머물러 서더라. 그 한 사람인 글로바라 하는 자가 대답하여 가로되 당신이 예루살렘에 우거하면서 근일 거기서 된 일을 홀

로 알지 못하느뇨? 가라사대 무슨 일이뇨 가로되 나사렛 예수의 일이니 그는 하나님과 모든 백성 앞에서 말과 일에 능하신 선지자여늘 우리 대제사장들과 관원들이 사형 판결에 넘겨 주어 십자가에 못 박았느니라. 우리는 이 사람이 이스라엘을 구속할 자라고 바랐노라 이뿐 아니라 이 일이 된지가 사흘째요.(눅 24:15-21)

제자들이 현재 지향적인 것이라는 것을 염두에 두라. "그는 이스라엘을 구속할 자"라는 그들의 희망은 "뿌리지 않으면 거두지도 않는다"는 농부적인 희망이었다. 그러나 그들의 희망은 한 사람을 제외하고는 부서지지 않았다.

이 정도 분위기 속에서, 다음 본문을 통하여 초대 그리스도인들의 시간 계산을 살펴 보라.

형제들아 너희가 알지 못하여서 그리하였으며 너희 관원들도 그리한 줄 아노라 그러나 하나님이 모든 선지자의 입을 의탁하사 자기의 그리스도의 해받으실 일을 미리 알게 하신 것을 이와 같이 이루셨느니라 그러므로 너희가 회개하고 돌이켜 너희 죄 없이 함을 받으라 이같이 하면 유쾌하게 되는 날이 주 앞으로부터 이를 것이요 또 주께서 너희를 위하여 예정하신 그리스도 곧 예수를 보내시리니 하나님이 영원 전부터 거룩한 선지자의 입을 의탁하여 말씀하신 바 만유를 회복하실 때까지는 하늘이 마땅히 그를 받아 두리라.(행 3:17-21)

베드로가 한 말씀 속에서, 우리는 예수님께서 바로 "당신을 위한"(즉, 이스라엘을 위한) 그리스도 혹은 메시아라는 것을 알게 된다. 메시아로서의 재림이 연기되었다.

하나님이 영원 전부터 거룩한 선지자의 입을 의탁하여 말씀하신 바 만유를 회복하실 때까지는 하늘이 마땅히 그를 받아 두리라.(행 3:21)

이러므로 사람은 하나님이 현재에 권능을 가진 메시아 예수님을 보내실 때를 알기 위해 과거와 선지자들을 살펴봐야 한다.

61

현명한 투자란?

젊은 현대인 사업가 부부가 1세기 팔레스타인에서 회사를 설립하려고 했다. 그래서 많은 지중해 연안 유대인들에게 지중해 연안 유대인들로부터 널리 경제적인 지원을 얻어낼 수 있을지 물었다. 그 부부의 친구들은 지원받을 수 있는 기회가 쉽지 않으며 지중해 연안 유대인 경제의 지원이 극히 어려울 것이라고 말해 주었다. 그 계획을 추친하던 중에, 그 부부는 지중해 연안 유대인들은 실제로 현대인들처럼 돈을 사용하지 않는다는 것을 알게 되었다. 오히려 땅을 구입하거나, 농작물, 생산품, 가축을 많이 얻어 수입을 얻어서 금, 은과 같은 비싼 보석들을 구입했다. 때로는 거의 통용되지 않고 있는 고가의 동전을 구입하곤 했고 그것들을 자기 집에 감춰두었다.

이처럼 유대인들이 사업에 투자하기를 꺼리는 이유는 무엇일까?

현명한 투자는 현재에 투자하는 것

물론 현재 투자는 어느 정도 미리 계획을 세워야 한다. 지중해 연안 유대인들은 미래 계획을 세우도록 강하게 압력을 받았다. 사실상, 그런 미래 지향적인 모험 투자에 대해서 대단히 회의적이었다.

그 지역의 물리적 사회적 환경을 생각해 보라. 사회적 행동 뿐만 아니라(침입, 전쟁, 원수 약탈, 세율), 기후(가뭄, 지진) 때문에 갑작스럽고 전면적인 변화에 굴복할 수밖에 없는 환경이었다. 사람들은 의사전달 기술을 가지고 있었지만, 언제 약탈당하고 강탈당할지, 혹은 새 통치자와 새 세금제도가 시행될지 알지 못했다. 결론적으로 미리 계획 세우는 노력이 대개 수포로 돌아갔다.

더욱이 꾸준히 이익을 건질 수 있다고 믿어지는 유일한 "투자"는 땅에 대한 투자였다. 그리고 땅은 도시에 살면서 명예적인 자리들을 지키기 위해서 땅과 꾸준한 생산물을 찾는 로마인들과 여러 식민주의자들이 노리는 1차 목표였다. 지중해 연안 경제는 화폐의 가치 개념이 도입되면서 어려워졌다. 물물교환과 지불은 흔한 일이 되었다. 물품을 화폐로 교환하는 것과 화폐를 물건과 교환하는 것이 예를 들어 십일조와 세금을 바칠 때는 때때로 동시에 시행되기도 하였다. 엘리트 지중해 연안 유대인들에게 있어 땅은 사회적 변화로 말미암은 재산의 가치가 하락하지 않도록 보장해 주는 유일한 방편이었다.

땅으로 환산되지 않는 재산은 귀금속, 주로 금과 은의 형태로 비축되었다. 수년 걸릴 수 있는 계획이라도 미래 어떤 것을 기대하기 보다는 현재의 모든 결과를 챙겼다. 바로 이것이 현재 지향적 사고방식이다. 우리는 다음 본문 속에서 살펴보고자 한다.

너희 중에 누가 망대를 세우고자 할진대 자기의 가진 것이 준공하기까지에 족할는지 먼저 앉아 그 비용을 예산하지 아니하겠느냐? 그렇게 아니하여 그 기초만 쌓고 능히 이루지 못하면 보는 자가 다 비웃어 가로되 이 사람이 역사를 시작하고 능히 이루지 못하였다 하리라.(눅 14:28-30)

이 말씀에서 건설은 몇년이 걸려도 하나의 단순한 현재 진행중인 과정으로 묘사되었다. 전체 건설 비용을 파악하고 현재의 일을 끝마칠 수 있을 만큼 충분히 준비할 수 있다. 사람이 장기 사업 계획에 필요한 모든 비용을 가지고 있어도, 그 문화는 돈 신용, 시간 내기, 등에 대해서 허용하지 않는다. 이런 것들은 미래 지향의 산물이다. 비록 다른 사람들을 모욕스럽게 한다고 하고, 일을 다 끝내지 못해도 수치가 되는 것이 아니다. 이런 동(同) 시간 지향은 전쟁하러 가는 것에 비유할 수 있다. 미래에 전쟁과 같은 한 과정이 일어나도 현재 계획 수립에 근거한 단순 사건으로 간주된다. 현재 계획에는 다가올 것도 포함되어 있다.

또 어느 임금이 다른 임금과 싸우러 갈 때에 먼저 앉아 일만으로서 저 이만을 가지고 오는 자를 대적할 수 있을까 헤아리지 아니하겠느냐? 만일 못할 터이면 저가 아직 멀리 있을 동안에 사신을 보내어 화친을 청할지니라.(눅 14:31-32)

총정리

지금까지 살펴본 예수님 세계에 관한 시간 여행은 다음과 같이 분류될 수 있을 것이다.

제1부. 명예와 수치

지중해 연안 문화는 명예와 수치에 뿌리를 두고 그것을 핵심 가치로 여긴다. 명예는 사회의 가치 인식이 잘못되었을 때, 개인적으로 혹은 집단적으로 하는 항변과 관련된다. 수치스러운 일이 터지면 자기 명예가 우려되고, 수치를 당하면 명예를 잃게 된다.

1. 출세한 아버지의 지위는 자기 자녀에게 특히 사회에서 공적으로 존경을 받으며 순종을 받게 된다. 명령을 했는데 미적거리거나 순종하지 않으면 아버지를 불명예스럽게 만드는 것이다.
2. 아버지는 외부적으로 가문의 명예를 상징한다. 모든 여자들은 남자에게 종속되어 있다. 그 남자의 임무는 남자 자신의 명예와 그 집단의 명예 뿐 아니라 여자들의 명예를 보호하는 데 있다.
3. 한 사람이 명예에 대해 공격해 오면 방어를 해야 한다. 그렇게 하여 공격자가 도리어 방어자가 되도록 만든다. 도전과 응전의

사회적 "게임"에서 명예를 성공적으로 잘 지키면 새로운 명예를 얻게 된다.

4. 간음은 명예 도전과 응전의 일부분이다. 간음은 남자에게 매여 있는 여자, 곧 그 남자의 가족 구성원들—아내, 미혼의 딸, 손님들—과 관계를 가짐으로써 그 남자의 명예에 도전하는 것이다.
5. 동등한 위치에 있는 사람에게 감사 표시를 하는 것은 진행되고 있는 사회적 상호 행동을 중단할 것을 요청하는 것이 된다. 동등한 위치에 있는 사람에게 "감사합니다"라고 말하는 것은 "더 이상 고맙지 않습니다"라는 뜻이 된다. 어떤 의미에서 감사의 표현은 도리어 명예에 대한 도전이 될 수 있다.
6. 사회적으로 월등한 사람들의 명예를 보호하는 것은 인격이 훌륭한 사람들이 해야 할 일이다. 여기에는 은인으로서 역할을 하는 하나님, 왕과 그 가족, 대제사장과 그 가족, 지역 군주들이 포함된다.
7. 선생은 한 제자로부터 동의와 충성을 얻고 유지함으로써 명예를 지킨다. 그 당사자 선생이 사실상 명예를 받을 가치가 있는 선생이라고 그 제자가 자기 공동체에서 지적한다.

제2부. 원만한 대인 행동

지중해 연안 사회는 상호 유대가 강력한 사회이다. 어려운 상황 속에서 성공은 친구들과의 유대 관계에서 이루어진다. 신뢰할 만한 정부적 정치적 봉사는 없다.

8. 지중해 연안의 개인적 경계선들이 서구와는 매우 다르다. 경계선들이 느슨하고 자기 중심적으로 더 많은 사람들을 끌어 모은다.
9. 감정을 공개적으로 표현하면 특히 남자들 사이에서는 대단한

평가를 받는다.

10. 우는 것과 같은 감정 표현은 특별한 감정 상태를 대변한다. 그런 식의 행동들은 사회 계급 조직에서의 특별한 지위를 드러낸다. 감정 상태에 대한 반응은 아주 다르다. 이처럼 행동과 감정 상태 전달의 발생과 중단이 일정하게 계속될 수 있다.
11. 기질과 업적은 본래 서로 연관되어 있다. 그리고 사람은 임무 상황 속에서 이 두 가지에 의해 평가를 받게 된다.
12. 임무 상황 속에 있는 사람들은 성취 이상의 것에 의해서 평가를 받는다. 예를 들면, 목적, 감정 상태, 사회적 지위, 기질 등에 의해서 평가된다.
13. 사람이 홀로 있거나 단 한 사람과만 있는 것도 별 가치가 없다. 내집단 사람들은 자유로이 왔다 갔다 하고 머문다.
14. 나이는 신분 결정 요인이다.
15. 어느 정도의 형식은 상관과 부하 사이에 있어야 한다.
16. 하위 신분의 사람들은 상관들로부터 무엇을 가지고 달아날 수 있을까 하여 시험해 볼 것이다(만약 그럴 만한 것이 내집단 권위 내에 없으면, 권위는 경멸받는다).
17. 공정한 가격을 까는 것은 정상적인 행동이다—사람의 신분에 알맞은 공정한 가격을 찾기 위해서.

제3부. 내집단

집단들은 일련의 추상적인 경계선들에 의해서 명확하게 서로 분류된다. 경계선 안에 있는 사람들은 내집단을 이룬다. 내집단 일원들은 마땅히 친근한 대우와 사랑을 받게 된다; 외집단 사람들은 냉대와 심지어는 적대시 당한다.

18. 지중해 연안인들은 가능하면 언제든지 친구를 도우려 한다. 대

가없이 서로 돕는 것이 그들의 의무이다.

20. 같은 아파트, 마을, 도시 구역에 사는 사람들은 서로를 같은 내집단의 일원으로 보고 자유롭게 행동한다.
21. 같은 마을 출신을 외딴 지역에서 만났을 때에 내집단 일원이 된다. 그리고 그들은 가능하면 서로의 도움이 된다.
22. 집주인과 세입자 관계는 서로 도움을 기대하는 내집단 관계이다.
23. 고용자들과 그 가족에게 관심을 쏟는 고용주는 늘 고용자의 내집단에 속하여 지지와 헌신을 얻어 낸다.
24. 내집단 경계선은 계속 바뀐다. 사람이 위치한 사회적 공간에 따라서 바뀐다.
25. 사람은 내집단 일원을 먼저 돕는다. 가족은 내집단의 중심이 된다.
26. 친·인척은 내집단이다. 가능하면 언제 어디서나 내집단 일원를 돕는다.
27. 오랫 동안 알고 지내는 사람은 내집단의 일원이 된다. 내집단 일원들은 자기 자신을 서로에게 내어 주어야 할 것이다.

제4부. 내부 가족 관계

가족은 지중해 연안 사회 조직의 핵심 기관이다. 가족 규율은 다른 기관들과의 관계들을 위해서도 비슷하게 사용된다.

28. 사람들은 세상을 성(性)에 의해서 본다. 남자들은 단지 남성이라는 이유로 상관이 된다.
29. 노동에서는 확실한 성 구별이 있다. 여자들은 집 안에서 일하고 남자들은 집 밖에서 일한다.
30. 부모는 주로 자녀들의 성공에 대해서 이야기한다. 그 이유는

그 성공이 부모 자신의 가치(내집단)를 반영하기 때문이다. 부모는 사회(혹은 교회)에서의 자신의 가치에 대해서는 별 관심이 없다.

31. 어머니들은 어린 자녀에 대해서 책임이 있다. 어머니들은 아들들의 출세와 학교 지원을 지켜 본다. 모자 관계는 너무나 가까운 사이이다. 아들들은 어머니가 노년에 가장 든든해 하는 보증이다.
32. 아들의 성공은 어머니의 훌륭한 인격을 반영하는 것이다.

제5부. 외집단

내집단과 같이 외집단에도 바뀌고 있는 경계선들이 있을 수 있다. 하지만 혈통 집단이 우선순위에 해당하는 내집단인 것과 마찬가지로, 모든 다른 민족적인 집단들은 우선 순위의 내집단을 형성한다. 이렇게 유대인들은 다른 민족들("이방인들")과 차별화한다. 그럼에도 불구하고 알렉산더 대왕이 죽은 이후에 정치적인 수평선이 떠오르면서 고대 지중해 연안인("헬라인") 문화인이었다고 간주했던 사람들은 다른 모든 사람들, 소위 "야만인들"을 멀리했다.

33. 얼굴과 얼굴을 대하는 사람들은 서로에게 관심을 보이지 않고 외집단 일원인 것처럼 행동한다.
34. 낯선 사람들은 항상 외집단에 속한다. 왜냐하면 다른 사람들에게 관심을 표명할 수 있는 얼굴을 대면하는 집단만이 내집단이 될 수 있기 때문이다.
35. 내집단이 도움을 요청하면 합당한 이유를 들어서 거절하고 충분히 설명할 수 있다.
36. 내집단 일원들에게 받은 도움에 대해서는 알맞은 감사의 표시

가 있어야 한다.

37. 내집단이 요청할 때에 거절한 사람은 외집단으로 취급된다.
38. 비아냥거리는 농담은 외집단에게 하는 공격 방법이다.

제6부. 사랑어린 친절

내집단의 결속에 의해서 서로 묶여있는 사람들은 같은 내집단 일원들을 돕고 의무감을 느낀다. 이런 의무감은 일종의 "감사의 빚"이다.

39. 한 사람의 내집단에 대한 충성은 "사랑어린 친절"(사랑과 긍휼)로써 해야 한다. 사업에 성공하기 위해서는 자기 내집단과 관계를 끝내지 않으면 안된다. 그리하여 내집단의 결속 관계와 의무를 버리게 된다. 성공한 사업가들에게는 명예가 없다.
40. 내집단에 하기 싫은 의무를 이행할 때에도 사랑어린 친절로 해야 한다.
41. 내집단 일원중의 하나가 다른 사람들과 논쟁하고 있을 때에는 옳고 그름에 상관없이 항상 곁에 있어주어야 한다.

제6부. 통속적 가치관

지중해 연안인들의 주요 임무는 나면서부터 물려받은 신분을 유지해야 하는 것이다. 위험을 감수하고, 주도권을 쥐고, 무지를 인정하거나, 실수하기를 꺼리며, 최우선적인 관심인 신분 유지를 뒤로 접어 둘 수 있다.

42. 사람은 대개 조직에 대한 충성과 선임 서열, 일하는 동안 실수를 하지 않음으로써 상급을 받는다(승진된다).

43. 자기 일과 관련된 역할을 해내는 데 있어서의 무능력과 무지를 인정하는 것은 수치이다.
44. 스케줄을 엄격히 따를 필요가 없다. 사람은 일을 반밖에 하지 못한 것으로 책망을 받을 것이 아니라 일을 반이나 했기 때문에 칭찬을 받아야 하는 것이 당연하다. 한 사람의 일의 성취를 비평하는 것은 그 사람 자신을 비평하는 것이 된다. 왜냐하면 일과 사람은 분리될 수 없기 때문이다.
45. 한 사람의 일을 비평하는 것은 그 사람의 신분을 깍아내리는 것이다.
46. 지중해 연안 유대인들은 어릴 때부터 대단한 자존감을 가지고 자랐기 때문에 아무리 작은 비판도 큰 위협이 된다.
47. 명예는 사람 자신을 없어서는 안될 존재로 인식하도록 요구한다. 사람은 자신이 필요불가결한 존재로 평가해야 한다.
48. 한가지 일을 맡을 때, 명예는 그 일의 과정에 대해서 무지하거나 무능력하다고 인정하지 않도록 만든다.
49. 자기 존재와 명예를 보존하기 좋아하는 직장 집단에서의 숨김과 속임은 특히 외집단의 동료 직원들에게 대해서도 용인된다.
50. 실수하지 않아 승진되었으면 주도권을 잡고 결정을 내리는 것이 별로 중요치 않은 일로 간주된다.
51. 효율적인 결정을 내리거나 책임을 쥐고서도 실수를 하지 않았기 때문에 상급을 받는 것은 아니다.
52. 실수를 피하기 위해서는 결정내리고 연장의 동료들을 비판해서는 안된다. 그 동료들이 분명히 잘못되었을 때에도 마찬가지이다.
53. 상관들은 신분 유지하여서 내집단 신분을 얻을 뿐 아니라 자신의 부하 직원들에게 관심을 나타내어야 한다.
54. 더 큰 사업은 "중간 관리자"를 가족 식구들에게 맡긴 전가족

사업이다.

55. 사업할 때에 신뢰와 책임을 맡은 자리들은 가족 식구들에게만 돌아 간다. 경쟁력이 주요한 관심이 아니다.

第7부. 시간의 개념

지중해 연안 문화는 사람 상호 관계에 강조를 둔 문화이다. "정각"이란 어떤 사람이 도착하는 시간이다. 시계가 가리키는 정각이란 부차적인 것이다.

56. 지중해 연안인의 시간은 대개 시골 전원의 시간과 같이 넓은 시간폭을 가진 현재를 말한다.
57. 무엇을 시작해야 할 시간은 중요한 인사 혹은 주인공이 도착하는 시간이다.
58. 정시나 시간 엄수는 중요 인물의 도착이나 사건의 발발로 표현되는 넓은 시간폭처럼 보이는 현재이다.
59. 지중해 연안 유대인 사회는 미래에 대한 훌륭한 계획 수립을 할 수 없는 것으로 특징지어진다. 그 이유는 현재의 필요는 결코 실재로 현재에 고려될 수 없기 때문이다.
60. 어떤 일을 할 때에 필요한 시간 계산은 부정확하다. 그 이유는 미래 지향적이지 않기 때문이다.
61. 고대 지중해 연안에 사는 사람들은 미래 지향적 모험—투자—에 대해서 아주 회의적이다. 현재에 대해서 더 우선적인 관심을 두고 있기 때문이다.